Deutscher Seefischerei-Verein

Fischereimotoren

Deutscher Seefischerei-Verein

Fischereimotoren

ISBN/EAN: 9783954270491
Erscheinungsjahr: 2012
Erscheinungsort: Bremen, Deutschland

© maritimepress in Europäischer Hochschulverlag GmbH & Co. KG, Fahrenheitstr. 1, 28359 Bremen. Alle Rechte beim Verlag und bei den jeweiligen Lizenzgebern.

www.maritimepress.de | office@maritimepress.de

Bei diesem Titel handelt es sich um den Nachdruck eines historischen, lange vergriffenen Buches. Da elektronische Druckvorlagen für diese Titel nicht existieren, musste auf alte Vorlagen zurückgegriffen werden. Hieraus zwangsläufig resultierende Qualitätsverluste bitten wir zu entschuldigen.

Fischereimotoren

Von

Professor H. Matthiessen
Dipl.-Ing.

Herausgegeben
von dem
Deutschen Seefischerei-Verein zu Berlin

Berlin
W. Moeser Buchhandlung
1920

Vorwort.

Das vorliegende Buch ist in erster Linie für unsere Kleinfischer geschrieben. Es soll dem Motorfischer Klarheit über das Wesen, den Bau und die Behandlung seines Motors verschaffen. Ich habe daher Gewicht auf möglichst einfache Ausdrucksweise gelegt und nur das für den Fischer unbedingt Wissenswerte gebracht.

Das zweite Kapitel des ersten Teils behandelt in ganz kurzer Form die Wirkungsweise der Motoren, während im dritten Kapitel die verschiedenen Motoren und ihre Einzelheiten besprochen werden. In diesem Kapitel haben sich einzelne Wiederholungen aus dem zweiten Kapitel nicht ganz vermeiden lassen, um dem Fischer einen möglichst klaren Einblick in die Arbeitsweise des Motors zu geben. Aus demselben Grunde mußte vereinzelt im zweiten Kapitel auf Skizzen, welche im dritten Kapitel gebracht sind, hingewiesen werden.

Ich hoffe, daß mir aus den Kreisen der Leser möglichst viele Wünsche und Vorschläge für Erweiterungen bzw. Änderungen in der Anordnung zugehen, damit ich sie bei einer späteren neuen Auflage berücksichtigen kann.

Kiel, im Juli 1920.
H. Matthiessen.

Inhaltsverzeichnis.

	Seite
Vorwort	3
Allgemeines	7

Erster Teil.

- I. Brennstoffe 10
- II. Wirkungsweise der Motoren.
  1. Viertakt und Zweitakt 11
  2. Glühhaubenzündung, Kompressionszündung und elektrische Zündung (für leichte Strandboote) 14
  3. Steuerung der Ventile 16
  4. Wirkungsweise der Brennstoffpumpe 16
  5. Regelung der Brennstoffpumpe durch den Regulator 17
  6. Wirkungsweise der Schmierung des Motors 17
  7. Wirkungsweise der Kühlung des Motors 18
  8. Wirkungsweise der Blaselampe 18
- III. Gesamtanordnung und die wichtigsten Einzelteile des Motors.
  1. Glühkopfmotoren.
     - a) Viertaktmotoren mit Glühhaubenzündung (Tecklenborg-Motor, Jörgensen-Motor) 20
     - b) Zweitaktmotoren mit Glühhaubenzündung (Callesen-Motor, Deutzer Motor, Grade-Motor, Swiderski-Motor, Deutscher Kromhout-Motor) 24
  2. Hochdruckmotoren mit Kompressionszündung.
     - a) Viertaktmotor (Brons-Motor) 39
     - b) Zweitaktmotor (Deutscher Nielsen-Motor) 43
  3. Wendegetriebe und umsteuerbare Schraube 44
  4. Motorheizlampen 51
  5. Zentralschmierapparate 54
- IV. Bedienungsvorschrift.
  1. Vor der Fahrt 57
  2. Inbetriebsetzung des Motors.
     - a) Viertaktmotor mit Glühhaubenzündung 58
     - b) Zweitaktmotor mit Glühhaubenzündung 58
     - c) Hochdruckmotor mit Kompressionszündung (Brons-Motor) .. 59
  3. Während der Fahrt 59
  4. Regelung der Umdrehungen 60

	Seite
5. Abstellen des Motors	60
6. Instandhaltung des Motors	61
7. Packungen	61
8. Zubehörteile und Ersatzteile	62
9. Reparaturen	63
10. Überholungsarbeiten (wöchentliche, monatliche, jährliche)	63
V. Betriebsstörungen und Beseitigung derselben	65

Zweiter Teil.

I. Anleitung zur Beschaffung der Motoren	70
II. Bedeutung der Lieferungsverträge	71
III. Garantieverpflichtungen	72
IV. Geschäftsverkehr mit Fabriken und deren Vertretern	72
V. Nachrichten über Darlehnsgewährung	72
VI. Nachrichten über Betriebsstoffe	73
VII. Einbau des Motors	74
VIII. Vorsichtsmaßnahmen	75

Dritter Teil.

Die Winden an Bord von Fischerbooten	76

Allgemeines.

Bei einer Dampfmaschine muß der Dampf in einem besonderen Kessel erzeugt und der Maschine zur Arbeitsleistung zugeführt werden. Bei einem Motor dagegen wird der Brennstoff direkt in dem Zylinder zur Verbrennung gebracht und leistet dann Arbeit. Zu dem Zwecke muß der Brennstoff (Gas oder vergastes oder zerstäubtes Öl) möglichst innig mit Luft gemischt werden, um eine vollkommene Verbrennung zu erzielen. Das Gemisch wird in dem Zylinder durch den Kolben stark zusammengedrückt, ehe es zur Verbrennung kommt. — Bei leicht flüchtigen Ölen, wie Benzin und Benzol, kann man das brennbare Gemisch dadurch herstellen, daß die vom Motor angesaugte Verbrennungsluft durch den Brennstoff geleitet oder daß der Brennstoff im angesaugten Luftstrom zerstäubt wird. Schwerer flüchtige Öle, wie Petroleum, Rohöl usw., müssen erst verdampft werden, oder sie werden fein zerstäubt in dem Zylinder mit der Verbrennungsluft gemischt.

Bei den im Fischereibetrieb meistens gebräuchlichen Glühkopfmotoren wird der Brennstoff durch eine vom Motor selbst angetriebene Brennstoffpumpe vor jedem Verbrennungshub in einem feinen Strahl gegen die erhitzte Innenwand der Glühhaube gespritzt, er verdampft dort und entzündet sich, nachdem der aufwärtsgehende Kolben die nötige Verbrennungsluft in den Glühkopf hineingedrückt hat.

Bei den Hochdruckmotoren mit Selbstzündung (z. B. Brons-Motor) wird der Brennstoff in eine kleine Zündkapsel im Innern des Zylinders eingeführt. Die Verdichtung (Kompression) der Luft durch den aufwärtsgehenden Kolben wird hier so weit getrieben, daß die Luft sich stark erhitzt und dadurch am Hubende eine Selbstzündung des Brennstoffes hervorgerufen wird.

Um eine zu große Erwärmung des Motorzylinders zu verhindern, wird derselbe durch Wasser gekühlt. Eine vom Motor angetriebene Kühlwasserpumpe pumpt Seewasser durch den um den Zylinder gegossenen Hohlraum und durch den hohlen Zylinderdeckel.

Vereinzelt spritzt man auch etwas Wasser in das Zylinderinnere ein, um, besonders bei Zweitaktmotoren, eine zu starke Erwärmung des Glühkopfes zu verhüten. Es darf hierzu nur Süßwasser verwendet werden.

Man sollte diese schädliche Wassereinspritzung grundsätzlich vermeiden, und bei neuen Motoren wird sie auch nicht mehr angewandt.

Die verbrannten Gase werden erst durch einen Auspufftopf (Schalldämpfer) geleitet, ehe sie ins Freie treten. Vielfach wird auch der Schalldämpfer durch Wasser gekühlt, um das Geräusch noch weiter zu verringern. Je farbloser die auspuffenden Abgase sind, desto besser ist die Verbrennung.

Der Motor springt nicht ohne weiteres an wie die Dampfmaschine, sondern er muß erst durch Andrehen oder Anwerfen in Gang gebracht werden. Durch das Drehen des Motors mit Hilfe einer Handkurbel wird beim Viertaktmotor die Verbrennungsluft in den Zylinder gesaugt und dann zusammengepreßt, und außerdem wird durch die Brennstoffpumpe Rohöl in den Glühkopf gespritzt. Sobald die Zündung stattfindet, springt der Motor an. Der Glühkopf ist vorher durch eine Blaselampe erhitzt worden. Das Andrehen von Hand geht um so leichter, je kleiner der Motor und je niedriger die Kompression (Verdichtung) ist. Der Zweitaktmotor springt leichter an als der Viertaktmotor und läuft gleichmäßiger und ruhiger. Der Glühkopf wird beim Zweitakt bei voller Belastung leicht überhitzt, dagegen erkaltet er bei Leerlauf nicht so leicht wie beim Viertaktmotor.

Größere Motoren und besonders Hochdruckmotoren mit Kompressionszündung über 6 PS lassen sich nicht mehr von Hand andrehen, sondern müssen mit Druckluft angelassen werden. Es genügt eine Luftpressung von etwa 8 Atmosphären. Die Fischereimotoren laufen nur nach einer Richtung um. Die Umsteuerung auf Rückwärtsgang erfolgt entweder durch Zwischenschaltung einer Umkehrkupplung (Wendegetriebe) oder dadurch, daß die Schraubenflügel drehbar auf der Nabe angeordnet sind. Die Umdrehungszahl soll möglichst nicht größer als 300 bis 400 in der Minute sein. Bei höherer Tourenzahl wird bei den schweren Fischerbooten die Schraubenwirkung zu ungünstig.

Für Fischerboote kommt nur der stehende Motor in Frage.

Da das Anheizen des Glühkopfes 6 bis 15 Minuten dauert, erhalten die Fischereimotoren vereinzelt eine elektrische Zündvorrichtung, so daß sie mit Benzin anfahren und nach Erreichung der erforderlichen Betriebswärme auf Rohöl mit Glühkopfzündung umgeschaltet werden können. Der Betrieb ist aber zu umständlich und wegen der nötigen Verwendung von Benzin auch feuergefährlich. Außerdem ist die elektrische Einrichtung für den rauhen Fischereibetrieb zu empfindlich. Rohöl kann nicht elektrisch gezündet werden.

Die Hochdruckmotoren mit Selbstzündung (Kompressionszündung) haben den Vorteil, daß sie ohne Vorwärmung sofort angelassen werden können. Die hohe Kompression hat weiter den Vorteil, daß der Brennstoff besser ausgenutzt wird und diese Motoren daher bedeutend geringeren

Brennstoffverbrauch haben als die Glühkopfmotoren. Durch die hohen Drücke sind aber die Abdichtungen recht schwierig. Bei der geringsten Undichtheit an den Dichtungen oder den Ventilen sinkt der Kompressionsdruck und die Zündung bleibt aus. Außerdem ist bei sehr kaltem Wetter oft die durch die Kompression erzeugte Wärme für die Selbstzündung nicht ausreichend und der Motor läßt sich nur nach vorheriger Anwärmung anlassen. In der Anschaffung sind die Glühkopfmotoren bedeutend billiger. Zweitaktmotoren werden im allgemeinen wieder billiger als Viertaktmotoren.

Ganz leichte Fischerboote (Strandboote) erhalten auch wohl einen leichten Benzin= oder Benzolmotor mit elektrischer Zündung. Der Motor darf wegen der Feuersgefahr nicht in gedecktem Raum stehen. Man verwendet für Strandboote auch wohl ganz leichte 5pferdige Zweitaktglühhaubenmotoren.

Erster Teil.

I. Brennstoffe.

Für Fischereimotoren kommt hauptsächlich in Frage:

1. Rohöl, d. h. das natürliche Erdöl, wie es in Rußland, Nordamerika, Holländisch-Indien und weniger ergiebig in Rumänien, Galizien, Deutschland usw. direkt aus den Bohrlöchern gewonnen wird. Es enthält noch die wertvollen leichtflüchtigen Bestandteile (Benzin und Petroleum) und gibt daher leicht Frühzündungen im Motor, auch ist es für den Motorbetrieb zu kostspielig.

2. Gasöl, auch Blauöl oder Grünöl wegen seiner Farbe genannt. Es wird dadurch gewonnen, daß die teuren Produkte Benzin, Leuchtpetroleum und vielfach auch die Schmieröle aus dem Rohöl herausgezogen sind. Die Fischereimotoren fahren meistens mit Gasöl; es geht dann vielfach unter der fälschlichen Bezeichnung Rohöl.

3. Gewöhnliches Leuchtpetroleum. Es wird aus dem Rohöl durch Abdestillieren gewonnen. Der Betrieb mit Petroleum ist sauberer, da es den Zylinder und die Ventile weniger verschmutzt, aber es wird im Gebrauch zu teuer. Für den Betrieb der Blaselampe läßt sich nur reines Leuchtpetroleum verwenden.

4. Benzol, auch wohl mit Spiritus gemischt, kommt nur als Notbehelf in Frage. Es ist ein einheimisches Erzeugnis aus dem Steinkohlenteer und spielte als Ersatz für Benzin im Kriege eine bedeutende Rolle. Bei Benzolbetrieb verrußen Zylinder und Ventile ziemlich schnell. Benzol läßt sich ebenso wie Benzin ohne weiteres elektrisch entzünden.

5. Benzin, ebenfalls aus dem Rohöl durch Abdestillieren herausgezogen, findet vereinzelt nur bei leichten Strandbooten Verwendung und zum Anfahren mit elektrischer Zündung und nachfolgender Umschaltung auf Gasöl mit Glühkopfzündung.

6. Teeröl wird durch Destillation aus dem Steinkohlenteer hergestellt, welcher in den Gasanstalten oder Kokereien als Abfallerzeugnis gewonnen wird. Das Teeröl ist also ein einheimisches Produkt und unterliegt daher keinem Zoll. Es sind Versuche im Gange, dasselbe auch zum Betrieb von Fischereimotoren auszunutzen.

II. Wirkungsweise der Motoren.

1. Viertakt und Zweitakt.

Beide Arten kommen für Fischereimotoren in Frage.

Beim Viertakt (Fig. 1) arbeitet der Motor während der ersten beiden Hübe als Pumpe und während der folgenden beiden Hübe als Motor.

Erster Hub (Ansaugehub): Kolben bewegt sich von der obersten Stellung nach unten und saugt durch das offene Ventil a den Zylinder voll Luft.

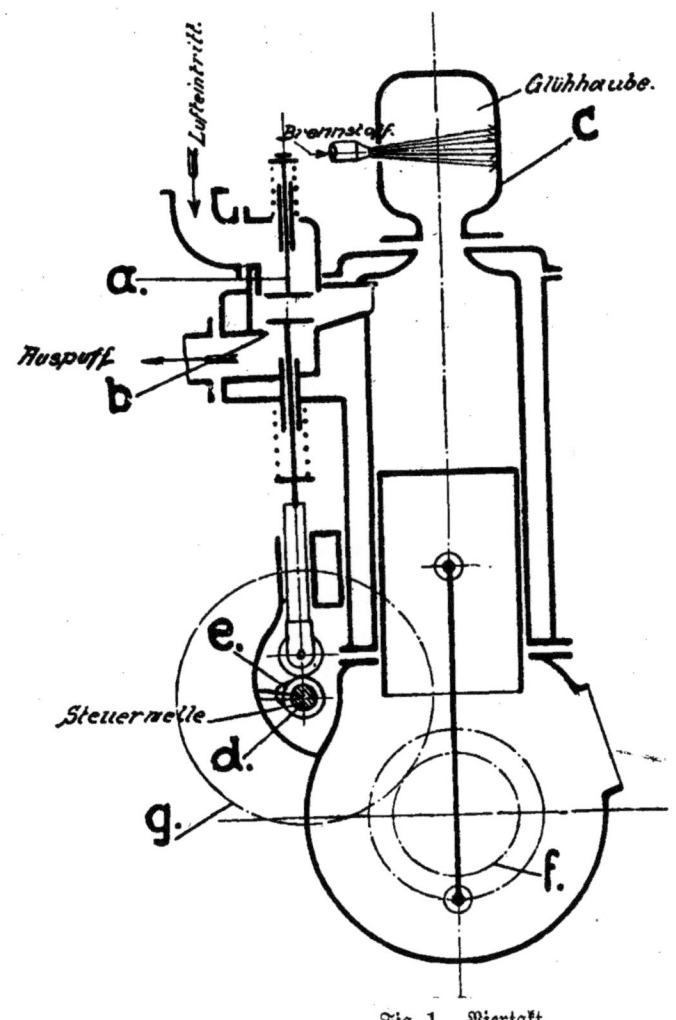

Fig. 1. Viertakt.

Zweiter Hub (Verdichtungshub): Kolben geht wieder nach oben. Beide Ventile sind geschlossen. Der Kolben preßt die in den Zylinder gesaugte Luft zusammen.

Dritter Hub (Arbeitshub oder Verbrennungshub): Beide Ventile sind geschlossen. Vor Beginn des dritten Hubes hat die Brennstoffpumpe das für eine Verbrennung nötige Öl in die Glühhaube c eingespritzt. Die Haube ist vorher durch eine Blaselampe bis zur Kirschrotglut erhitzt, so daß das Öl sofort verdampft und nach Mischung mit der in den Glühkopf eingedrückten Luft sich entzündet. Dadurch wird der inzwischen oben angekommene Kolben unter hohem Druck nach unten getrieben.

Vierter Hub (Auspuffhub): Kurz vor Beginn desselben wird das Auslaßventil b geöffnet. Der aufwärtsgehende Kolben schiebt die verbrannten Gase durch das geöffnete Auslaßventil aus dem Zylinder.

Der Motor leistet also nur bei jedem vierten Hube Arbeit und gibt einen Teil davon an das auf der Kurbelwelle sitzende Schwungrad ab. Das Schwungrad liefert dann wieder die Arbeit für die drei übrigen Hübe. Die Steuerwelle d läuft halb so schnell wie die Kurbelwelle, da Einlaß- und Auslaßventil nur bei jeder zweiten Umdrehung einmal geöffnet werden sollen. Sie wird durch die Räder f und g von der Kurbelwelle angetrieben. Das Ventil wird durch die auf der Steuerwelle sitzende Nocke e gehoben und durch die Feder wieder geschlossen. Das Einlaßventil ist in der Fig. 1 selbsttätig.

Beim Zweitakt (Fig. 2) arbeitet der Kurbeltrieb in einem geschlossenen, gegen die Außenluft abgedichteten Gehäuse. Dieses Kurbelgehäuse steht mit der Atmosphäre (Außenluft) nur durch die sich nach innen öffnenden Ventile oder Klappen a zeitweise in Verbindung. Mit dem Zylinder ist es durch einen Kanal b verbunden. Im untersten Totpunkt (d. h. Kolben und Kurbel in der tiefsten Stellung) wird die Mündung dieses Kanals von dem Kolben freigelegt. Gegenüber dieser Kanalmündung liegt die ebenfalls vom Kolben in seiner tiefsten Stellung freigelegte Auspufföffnung c. Der Auspuffkanal c wird etwas früher als der Luftkanal b geöffnet, damit die Abgase sich vor dem Eintreten der frischen Luft schon etwas entspannen können.

Erster Hub: Kolben bewegt sich von seiner untersten Stellung nach oben, schließt die beiden Kanäle b und c im Zylinder und verdichtet die im Zylinder befindliche Luft. Gleichzeitig öffnet sich im Kurbelgehäuse selbsttätig das Einlaßventil a, und der untere Teil des Kolbens saugt frische Luft in das Gehäuse und in den unteren Teil des Zylinders.

Zweiter Hub: Vor Beginn des zweiten Hubes hat die Brennstoffpumpe das für eine Verbrennung nötige Öl in die Glühhaube d gespritzt, wo es verdampft. Das Gemisch von Luft und Petroleumdampf entzündet sich an der erhitzten Glühhaube und treibt den Kolben arbeitverrichtend nach unten. Gleichzeitig drückt die untere Seite des Kolbens bei jetzt geschlossenem Ventil a die Luft im Kurbelgehäuse etwas zusammen, so daß sie in dem Augenblick, wo der Kolben den Luftkanal im Zylinder freilegt, in der Pfeilrichtung in den Zylinder strömt und die Abgase vor sich her und durch die Auslaßöffnung c aus dem Zylinder treibt. Dadurch ist gleichzeitig der Zylinder für den jetzt wieder beginnenden Verdichtungshub mit frischer Luft gefüllt.

Der Zweitaktmotor ist einfacher als der Viertaktmotor, da er nur das eine Ventil a hat, welches während des Betriebes stets zugänglich ist, und das außerdem nicht mit den heißen Verbrennungsgasen in Be=

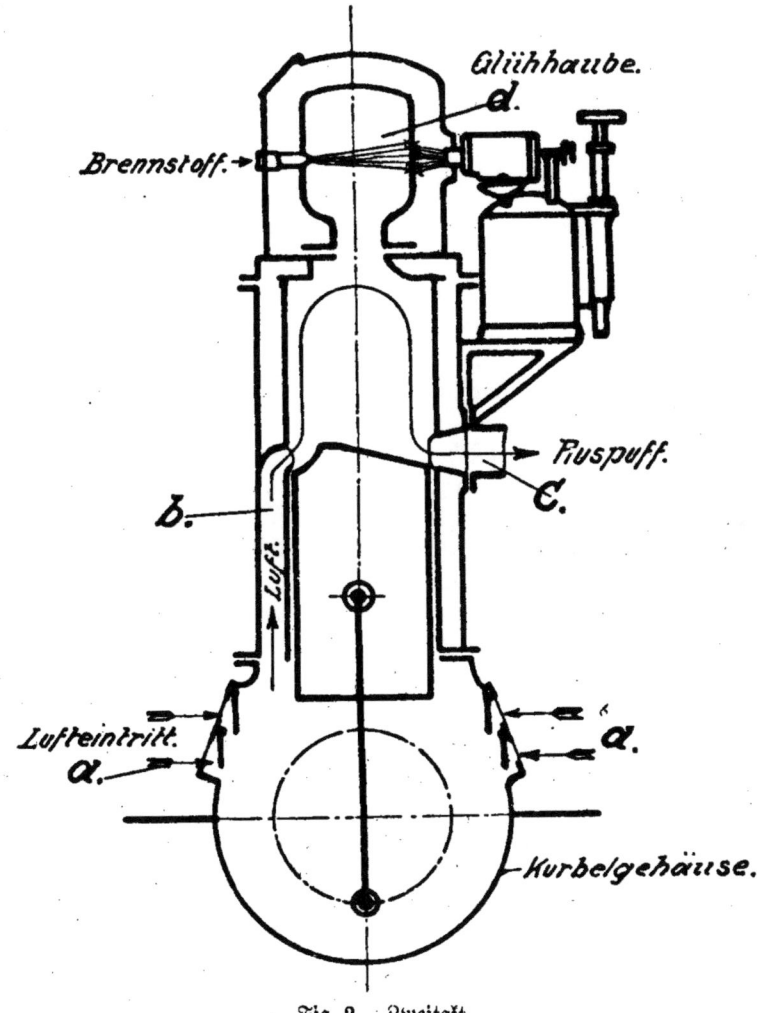

Fig. 2. Zweitakt.

rührung kommt und unter ganz geringem Druck steht. Es treten daher kaum Störungen an diesem Ventil auf. Das Gewicht des Zweitakt= motors ist geringer, die Herstellung billiger. Der Zweitaktmotor springt leichter an und der Gang ist gleichmäßiger als beim Viertaktmotor.

Der Brennstoffverbrauch ist beim Zweitakt geringer als beim Viertakt. Der Schmierölverbrauch ist beim Zweitaktmotor meistens größer.

2. Glühhaubenzündung, Kompressionszündung und elektrische Zündung (für leichte Strandboote).

Die Glühhaubenzündung ist bei den Fischereimotoren am meisten in Gebrauch.

Der gußeiserne Glühkopf ist auf die Mitte des Zylinderdeckels auf= geschraubt und steht mit dem Zylinder durch die enge Halsöffnung in Verbindung. Das durch die Brennstoffpumpe eingespritzte Öl vergast an der gegenüberliegenden heißen Fläche des Glühkopfes, und die Gase entzünden sich, sobald der Kolben die Luft in die Haube gepreßt hat. Wenn die Zündung schon vor der höchsten Kolbenstellung erfolgt (Früh= zündung), überwindet die im Schwungrad aufgespeicherte Arbeit den Totpunkt.

Bei längerem Leerlauf kann es vorkommen, daß der Glühkopf sich infolge der jetzt sehr geringen Ölzufuhr zu stark abkühlt und der Motor zum Stillstand kommt. Bei den Zweitaktmotoren, wo bei jeder Um= drehung eine Zündung stattfindet, geschieht dies nicht so leicht. Hier kann aber bei Vollast leicht eine Überhitzung des Glühkopfes auftreten, wodurch Frühzündungen entstehen. Bei einigen älteren Zweitaktmotoren hat man versucht, diese Überhitzung durch Einspritzung von Süßwasser in das Zylinderinnere zu verhindern. Die schädlichen Wirkungen dieser Wassereinspritzung sind aber so groß, daß man bei den neueren Motoren gänzlich davon abgekommen ist. Durch richtige Konstruktion des Glüh= kopfes ist es nämlich gelungen, die Wassereinspritzung selbst bei großen Motoren völlig entbehrlich zu machen.

Bei Verwendung von minderwertigem Gasöl, wie es während des Krieges und auch jetzt nach dem Kriege leider nicht anders erhältlich ist, verschmutzt die Glühhaube sehr rasch, so daß die Zündung versagt. Ein stärkeres Zerstäuben des Öles durch Einbau einer Streudüse anstatt der Spritzdüse hat vereinzelt Erfolg gehabt. Die Verunreinigungen des Öles bestehen aus beigemengtem Teeröl oder Paraffinöl.

Der Glühkopf wird vor dem Inbetriebsetzen des Motors durch eine Blaselampe, welche der Größe des Motors angepaßt sein muß, an= gewärmt. Die Anwärmung dauert 6 bis 15 Minuten.

Bei der Kompressionszündung oder Selbstzündung wird die Zu= sammenpressung der Verbrennungsluft durch den nach oben gehenden

Kolben so weit getrieben, daß die Luft sich sehr stark erhitzt und dadurch die Zündung des in den Zylinder eingebrachten Brennstoffes hervorruft. Beim Brons=Motor wird das Gasöl durch eine kleine Brennstoffpumpe für jeden Verbrennungshub in ein Überlaufgefäß und von dort in eine durch den Zylinderdeckel in den Zylinder hereinragende Zündkapsel gefördert. Ein Teil des Brennstoffes vergast in der warmen Zündkapsel und tritt beim Saugen des Motors durch die feinen Öffnungen der Kapsel in den Zylinder. Am Ende des Verdichtungshubes (Kolben in der höchsten Stellung) ist ein Druck von etwa 30 Atmosphären im Zylinder vorhanden. Die hierdurch hervorgerufene Erwärmung der Luft entzündet die mit Luft gemischten Öldämpfe; die Zündung schlägt auch in die Kapsel und schleudert den in derselben lagernden Brennstoff fein verteilt in das Zylinderinnere, wo er ebenfalls verbrennt.

Das Andrehen des Motors von Hand, welches bei den kleineren Glühhaubenmotoren noch gut möglich ist, bietet bei den Motoren mit Kompressionszündung Schwierigkeiten. Der Brons=Motor über 6 PS wird daher mit Druckluft angelassen. Die hierzu erforderliche Preßluft von etwa 8 Atmosphären wird durch eine vom Motor getriebene Luftpreß= pumpe (Luftkompressor) gewonnen und in einem Luftkessel aufgespeichert.

Die Motoren, welche von Hand angedreht werden, erhalten vielfach einen Kompressionshahn. Dieser Hahn wird bei Beginn des Andrehens geöffnet und erst geschlossen, wenn im Schwungrad durch das rasche Drehen eine große Arbeitsmenge zur Überwindung der Kompression auf= gespeichert ist. Bei Viertaktmotoren wird meistens die Kompression beim Andrehen dadurch verringert, daß das Auspuffventil durch einen Hand= hebel oder durch eine besonders eingeschaltete Nocke auf der Steuerwelle für die Zeit des Andrehens offen gehalten wird.

Die elektrische Zündung kommt nur für den Betrieb mit Leichtölen (Benzin, Benzol, Benzolspiritus) in Frage. Der leichtflüchtige Brennstoff wird in einem Vergaser vergast oder fein zerstäubt und mischt sich mit der vorbeistreichenden, durch den abwärtsgehenden Kolben angesaugten Verbrennungsluft. Der aufwärtsgehende Kolben verdichtet das Gemisch, und kurz vor oder nach der obersten Stellung des Kolbens wird dasselbe durch einen elektrischen Funken entzündet. Der Funke wird durch einen besonderen elektrischen Zündapparat erzeugt, welchen der Motor antreibt. Vereinzelt werden kleine Leichtölmotoren mit elektrischer Zündung in leichte Strandboote eingebaut. Man vermeidet aber lieber den Benzin= oder Benzolbetrieb wegen seiner Feuergefährlichkeit. Außerdem ist der Vergaser und die elektrische Zündung für den Fischereibetrieb reichlich empfindlich. Besser verwendet man für Strandboote kleine, besonders leicht gebaute Glühkopfrohölmotoren, wie sie seit einiger Zeit von einzelnen Motor= fabriken gebaut werden.

3. Steuerung der Ventile.

Beim Viertaktmotor ist das Einlaßventil a (Fig. 1) entweder selbsttätig, d. h. die Feder ist so schwach, daß sich das Ventil durch die Saugwirkung des Kolbens von selbst öffnet; oder es wird gesteuert. Bei gesteuertem Einlaßventil kann das Gemisch aus Luft und Öldämpfen durch das Ventil auspuffen, wenn der Motor in falscher Richtung anspringt. Das Auslaßventil b [Auspuffventil] (Fig. 1) muß gesteuert werden. Dies geschieht durch eine Nocke e auf der Steuerwelle d, welche beim Viertaktmotor mit halber Umdrehungszahl von der Kurbelwelle durch Zahnräder f und g angetrieben wird (Fig. 1). Die Steuerwelle liegt entweder parallel (gleichlaufend) zur Kurbelwelle und wird dann durch gewöhnliche Zahnräder angetrieben (Fig. 1 und 6), oder sie liegt quer über der Kurbelwelle und wird durch Schraubenräder angetrieben (s. Fig. 4, 5, 7 und 9).

Beim Zweitaktmotor ist nur ein Saugventil im Kurbelkasten vorhanden, welches sich beim Aufwärtsgang des Kolbens selbsttätig öffnet. In Fig. 2 ist an jeder Seite des Kurbelgehäuses ein Saugventil angeordnet. Der Einlaß der Verbrennungsluft in den Zylinder und der Auslaß der Abgase wird durch Freilegen der Kanäle durch den Kolben gesteuert (s. Fig. 2).

4. Wirkungsweise der Brennstoffpumpe.

Die Brennstoffpumpe ist eine kleine einfachwirkende Plungerkolbenpumpe mit einem Saug- und Druckventil (s. Fig. 13). Beim Aufwärtsgang des Pumpenkolbens öffnet sich das Saugventil selbsttätig und der Pumpenraum wird mit Brennstoff vollgesaugt. Beim Abwärtsgang wird die angesaugte Ölmenge durch das geöffnete Druckventil in die Einspritzleitung gedrückt und durch eine Düse in die Glühhaube gespritzt. Der Pumpenkolben kann durch ein Exzenter oder eine Nockenscheibe bewegt werden. Beim Viertakt erfolgt der Antrieb von der mit halber Geschwindigkeit umlaufenden Steuerwelle, beim Zweitakt direkt von der Kurbelwelle aus oder durch eine mit gleicher Geschwindigkeit wie die Kurbelwelle umlaufende Zwischenwelle.

Bei Nockenantrieb wird der durch die Nocke eingedrückte Kolben durch eine Spiralfeder jedesmal wieder zurückgedrückt. Das Eindrücken des Kolbens muß auch von Hand geschehen können, damit man beim Anlassen des Motors durch einige Handschläge die leere Einspritzleitung anfüllen und allenfalls schon etwas Brennstoff in die Haube einspritzen kann. Auch kann dadurch geprüft werden, ob die Pumpe und die Düse richtig arbeiten. Die Spritzdüse ist zu diesem Zwecke leicht herausnehmbar. Beim Reinigen der Düse mit der dafür vorgesehenen Nadel ist darauf zu achten, daß die feine Öffnung nicht beschädigt wird.

5. Regelung der Brennstoffpumpe durch den Regulator.

Der Regulator sorgt dafür, daß bei zu großer Umdrehungszahl die zugeführte Brennstoffmenge verringert und bei zu geringer Umdrehzahl die Brennstoffmenge vergrößert wird. Es geschieht dies durch Veränderung der Größe des Hubes der Brennstoffpumpe, und zwar in der Regel vermittels eines Zentrifugalregulators. In dem Regulatorgehäuse befinden sich zwei durch Federn gehaltene Hebelgewichte, welche bei höherer Umdrehungszahl mehr oder weniger nach außen geschleudert und beim Sinken der Drehzahl durch die Federn nach innen gezogen werden. Dadurch wird eine Muffe auf der Regulatorwelle hin und her geschoben und diese Verschiebung bewirkt dann gewöhnlich eine Veränderung der Höhe der Nocke, welche die Brennstoffpumpe antreibt. Infolgedessen erhält die Brennstoffpumpe beim Höhergehen der Tourenzahl geringeren Hub und beim Sinken der Drehzahl mehr Hub. In Fig. 8 Seite 23 ist z. B. die Muffe keilförmig ausgebildet und schiebt die senkrecht zur Achse bewegliche Nocke mehr nach außen bzw. innen und verändert dadurch die Nockenhöhe.

Einige Fischereimotoren arbeiten noch mit Aussetzerregelung, d. h. die Brennstoffeinspritzung setzt bei zu hoher Umdrehungszahl so lange aus, bis der Motor wieder langsamer läuft. Es soll hierdurch also hauptsächlich ein Durchgehen des Motors verhindert werden. Beim Einzylinder-Callesen-Motor geschieht dies z. B. in der Weise, daß ein zwischen Exzenterstange und Brennstoffpumpenstange eingefügtes, belastetes Winkelstück d in Fig. 12 bei zu hoher Umdrehungszahl die Bewegungen der Exzenterstange nicht so rasch mitmachen kann und dadurch die Kolbenstange der Brennstoffpumpe so lange ausrückt, bis die Umdrehungszahl des Motors wieder langsamer wird.

6. Wirkungsweise der Schmierung des Motors.

Zu schmieren sind der Zylinder und die Lager. In den Zylinder muß das Öl unter Druck eingeführt werden. Vielfach erhalten auch die Lager Druckschmierung von einem Zentralschmierapparat. Die Ölzufuhrmenge muß möglichst für jede einzelne Schmierstelle besonders einstellbar und der Tropfen sichtbar sein. Das Kurbelzapfenlager muß etwas reichlicher als das Kurbelwellenlager geschmiert werden. Am Zylinder sind meistens zwei Schmierstellen angeordnet, und zwar je eine auf der Steuerbord- und der Backbordseite, weil hier der größte Seitendruck des Kolbens auftritt. Bei sehr gutem Schmieröl und sorgfältiger Bedienung kann ein 8- bis 12-PS-Motor mit 60 bis 80 g Schmieröl pro Stunde auskommen und ein 12- bis 15-PS-Motor mit 80 bis 100 g pro Stunde. Im Fischereibetriebe wird aber meistens das Vier- bis Fünffache an Schmieröl verbraucht. Das abfließende Öl muß möglichst vollkommen wiedergewonnen und filtriert werden. Es ist dann mit frischem Öl gemischt immer wieder zu verwenden. Der Zweitaktmotor verbraucht bedeutend mehr Schmieröl als der Viertaktmotor, da ein großer Teil des im Kurbelgehäuse herumspritzenden Öles durch den Luftkanal in den Zylinder gelangt und mit verbrennt.

Für den Zylinder wird am besten harz- und säurefreies Mineralöl (aus Petroleum durch Überdestillieren gewonnen) mit hohem Entflammungspunkt (über 200 Grad Celsius) verwendet. Es muß bei der hohen Temperatur im Zylinderinneren noch schmierfähig bleiben und darf nicht verbrennen. Für die Lager kommt gutes harz- und säurefreies Maschinenöl in Frage.

7. Wirkungsweise der Kühlung des Motors.

Durch die fortwährenden Verbrennungen im Zylinderinnern tritt eine immer stärkere Erhitzung des Zylinders ein. Der Zylinder und der Zylinderdeckel müssen daher durch Wasser ständig gekühlt werden. Zu dem Zwecke ist der Zylinder und der Deckel doppelwandig ausgeführt. Eine vom Motor angetriebene Kühlwasserpumpe pumpt frisches Seewasser durch diese Hohlräume. Das abfließende Wasser darf nur so warm werden, daß man die Fingerspitzen ganz kurze Zeit in den Wasserstrahl halten kann, ohne sich zu verbrennen. (50—60° C bei Rohölmotoren.) Es soll aber auch nicht gern kälter abfließen. Das Kühlwasser tritt unten in den Zylindermantel ein, durchströmt den Mantel und den Zylinderdeckel und tritt oben aus. Die Einspritzdüse wird ebenfalls durch das Wasser gekühlt und vielfach auch der Auspufftopf. Bei Frostgefahr muß das Kühlwasser durch einen unten angebrachten Hahn völlig abgelassen werden, weil sonst der Zylinder entzweifrieren kann. Das Kühlwasser darf beim Eintritt nicht senkrecht gegen die Zylinderwand strömen, sondern es muß tangential eingeführt werden, d. h. so, daß es an der Zylinderwand entlang im Kreise herum fließt. Bei senkrechtem Auftreffen frißt das oft sandhaltige Wasser mit der Zeit leicht ein Loch in die Zylinderwand.

8. Wirkungsweise der Blaselampe.

Durch die Blaselampe wird der Glühkopf des Motors so stark vorgewärmt, daß das in den Kopf eingespritzte Rohöl vergast und sich entzündet, sobald der Kolben bei seinem Aufwärtsgang genügend Verbrennungsluft in die Glühhaube eingepreßt hat. Zum Anwärmen ist eine Zeit von 6 bis 15 Minuten erforderlich. Das Anwärmen ist abhängig von der Größe des Motors und von der Größe und Heizkraft der Blaselampe.

Die Abhitze (Ausstrahlung) der Flamme wird dazu benutzt, im Innern des Brennerrohres vor der Mündung, Dampf aus Petroleum zu bilden. Die Flamme bildet sich erst in einem bestimmten Abstand von der Mündung, nach der Mischung des Petroleumdampfes mit Luft.

Die Lampe besteht aus dem Petroleumbehälter mit der Füllschraube a, der Anwärmschale b, der Regulierschraube c, der Luftpumpe d und dem Brenner e (siehe Fig. 3).

Fig. 3. Blaselampe.

Nach Füllung des Petroleumbehälters durch das Fülloch a wird letzteres wieder fest verschraubt. Dann wird die Schale b mit Brennspiritus gefüllt und letzterer angezündet. Kurz bevor der Spiritus in der Schale verbrannt ist, schließt man das Regulierventiel c und pumpt so lange mit der Handpumpe d, bis das Ausströmen von Petroleumdampf durch sausendes Geräusch zu erkennen ist. Dann zünde man die eigentliche Heizflamme an. Zur Verkleinerung der Flamme läßt man durch das Ventil c etwas von der hereingepumpten Luft entweichen und schließt das Ventil dann wieder sofort. Durch Offenlassen des Ventils c bringt man die Lampe zum Verlöschen. Die Regulierung der Heizflamme geschieht durch die Pumpe d und das Ventil c, d. h. die Flamme wird vergrößert durch das Pumpen und verkleinert durch mehr oder weniger Öffnen des Ventils. Während des Anheizens des Glühkopfes muß die Flamme ohne helle Streifen, blau und rauchfrei brennen. Man verlange für jede Lampe von der Firma eine ausführliche Gebrauchsanweisung.

III. Gesamtanordnung und die wichtigsten Einzelteile des Motors.

1. Glühkopfmotoren.

a) Viertaktmotoren mit Glühhaubenzündung.

Der in den Fig. 4, 5 und 6 abgebildete Viertakt-Dan-Motor der Schiffswerft und Maschinenfabrik Tecklenborg-Geestemünde wird von 4 bis 12 PS in Einzylinderausführung, von 12 bis 25 PS in Zweizylinderausführung gebaut. Die Umdrehungszahl beträgt bei den kleinsten Motoren 435 und sinkt bei den größten Maschinen auf 365 Umdrehungen in der Minute.

An den Zylinder a (s. Fig. 4) ist der Kühlmantel und ebenso der Ventilkasten b angegossen. Die Ventile werden gleichfalls vom Kühlwasser umspült. Unten hat der Zylinderkühlmantel Verschraubungen (1), um ihn von Schlamm und festen Ansätzen reinigen zu können. Bei (2) ist der nach oben gerichtete Kühlwassereintritt zu sehen. Der Zylinderdeckel c ist ebenfalls wassergekühlt. Die Glühhaube d hat eine Schutzhaube mit Regulierklappen. Der Spritzdüsenhalter e wird in dem Zylinderdeckel durch eine einzige, schnell zu lösende Klemmschraube befestigt und spritzt den Brennstoff schräg nach oben in die Glühhaube. Die Brennstoffdüse liegt bei den kleineren Motoren in einem wassergekühlten Flansch, bei den größeren im wassergekühlten Zylinderdeckel. Der Lagerbolzen des Kolbens f wird gleichzeitig durch die Zylinderschmierung (3) mit Schmieröl versorgt, indem ein Teil des Zylinderöles durch den durchbohrten Zapfen an das Lager geführt wird. Die Schubstange g hat oben ein einteiliges, unten ein zweiteiliges Bronzelager. Die Grundplatte h trägt die beiden Bronzelager i. Das hintere Kurbelwellenlager hat in der Mitte eine Unterbrechung, in welcher das eine Schraubenrad q zum Antrieb der Steuerwelle r Platz findet. Die Kurbelwelle k hat angeschraubte Gegengewichte, um dem Motor einen ruhigeren Gang zu geben. Das eigentliche Schwungrad l sitzt vorn auf der Kurbelwelle, während hinten an der Reibungskuppelung noch ein kleineres Schwungrad l_1 sich befindet. Der Ständer m zur Verbindung des Zylinders mit der Grundplatte hat zwei seitliche Deckel (4), durch welche das Kurbelzapfenlager zugänglich ist. Das Ansaugerohr n ist unten geschlossen und hat eine große Anzahl Längsschlitze, durch welche die Luft von allen Seiten angesaugt wird und grobe Verunreinigungen ferngehalten werden. Der Auspufftopf n_1 ist wassergekühlt. Auf der durch die Schraubenräder q mit halber Umdrehungszahl angetriebenen Steuerwelle r sitzen die beiden Nocken s zur Bewegung des Einlaß- und Auslaßventils t bzw. u. Die Stoßstangen zum Antrieb der Ventile sind in langen Buchsen geführt und tragen unten eine Rolle zur Verminderung der Reibung. Die Ventile werden durch Federn nach unten fest auf ihre Sitze gedrückt; v ist die rückstoßsichere Handkurbel zum Andrehen des Motors. Die Übertragung auf die Kurbelwelle geschieht durch eine Kette ohne Ende über den beiden in der Figur sichtbaren Kettenrädern. Die Steuerwelle r treibt auf der einen Seite durch ein Exzenter die Kühlwasserpumpe y an und trägt auf der anderen Seite den Regulator w. Die Steuerwelle liegt quer zur Kurbelwelle bei der Einzylindermaschine. Der Zentrifugalregulator w stellt die Umlaufzahl des Motors selbsttätig ein. Zwei Schwunggewichte desselben stehen mit einem auf der Steuerwelle verschiebbaren Nockenstück in Verbindung, welches unter Zwischenschaltung eines in Fig. 5 sichtbaren Übertragungshebels (5) den Plungerhub der Brennstoffpumpe x (Fig. 5) einstellt. Je nach der Umdrehungszahl des Motors ändert sich die wirksame Höhe des Nockenstücks, wodurch die Brennstoffmenge und die Leistung des Motors ebenfalls geändert wird. Die Feder der Schwunggewichte des Regulators kann mehr oder weniger gespannt werden, so daß dadurch eine Veränderung der Umlaufzahl von Hand möglich ist. Durch Abheben des Pumpenübertragungshebels von dem Nockenstück wird die Brennstoffpumpe ausgeschaltet und dadurch der Motor abgestellt. Mit dem Hebel (6) (Fig. 5) kann man beim Anlassen einige Pumpenschläge von Hand geben. Durch den Hebel Z_2 kann die Rolle der Ventilstoßstange des Auspuffventils verschoben werden, wodurch die Kompression beim Anlassen zeitweise ausgeschaltet wird.

An die Kurbel k (Fig. 4) ist der Schleuderschmierring (7) angeschraubt. Das Schmieröl für den Kurbelzapfen wird aus dem Zentralschmierapparat tropfenweise in den Ring geleitet und gelangt infolge der Schleuderkraft durch die gestrichelt gezeichnete Bohrung an die Oberfläche des Kurbelzapfens.

In der Fig. 5 ist neben dem vorher besprochenen Brennstoffpumpenantrieb durch den Regulator w die Reibungskupplung o mit dem Ausrückhebel p zu sehen. Ferner die Umsteuervorrichtung der Schraube. Durch das an Deck befindliche Handrad (8) werden unter Vermittlung eines Kettentriebes zwei Schraubenspindeln (9) gedreht (in der Fig. 5 ist nur die vorn liegende Spindel zu sehen), welche dadurch ein Kammlager (10) nach rechts oder links verschieben. In dem Kammlager läuft die Hülse (11). Diese ist wieder durch zwei Stangen mit dem Querstück (12) verbunden, welches die Steuerstange (14) trägt. Die Steuerstange wird durch die hohle Schraubenwelle in die Schraubennabe geführt und hat an ihrem hinteren Ende eine Zahnstangengabel, welche in die mit Zähnen versehenen Flanschen der beiden Schraubenflügel eingreift. Die Verstellung der Schraubenflügel erfolgt durch Verschiebung der Steuerstange und dadurch auch der Zahnstangengabel. Die Hauptstellungen der Schraubenflügel: Vorwärtsfahrt V, Stopp St, Rückwärtsfahrt R, Segelstellung S werden an Deck durch einen Zeiger angezeigt (s. Fig. 5). Dazwischen kann jede Steigung der Flügel eingestellt werden. Das hohle, auf einer Seite offene Mitnehmerstück (13) verbindet die Schraubenwelle mit der verlängerten Kurbelwelle. Z ist der Zentralschmierapparat.

Fig. 6 zeigt den eingebauten Zweizylinder=Dan=Motor. Die Steuerwelle (1), welche die Ventile beider Zylinder steuert, liegt hier nicht quer, sondern parallel (gleichlaufend) zur Kurbelwelle, d. h. längsschiffs. Sie wird durch gewöhnliche Stirnräder (2) von der Kurbelwelle angetrieben. Der Brennstoffpumpenantrieb (3) durch den Regulator ist in der Figur zu erkennen. Zwischen beiden Zylindern liegt die schräg angeordnete Kühlwasserpumpe (4). Sie wird ebenso wie bei dem Einzylindermotor durch ein Exzenter von der Steuerwelle aus angetrieben; (5) ist das gemeinsame Ansaugerohr, (6) sind die Auspufftöpfe für die beiden Zylinder.

In Fig. 7 ist die Gesamtanordnung des Viertaktmotors der Motorenfabrik Carl Jörgensen=Kiel abgebildet. a ist der Zylinder mit angegossenem Kühlmantel, b das angeschraubte Ventilgehäuse. Die Ventile liegen hier ebenso wie bei dem vorher besprochenen Dan=Motor nebeneinander und werden beide gesteuert. c ist der Zylinderdeckel, d die Glühhaube, e Einspritzdüsenhalter, f Kolben, g Schubstange, h Grundplatte, i Kurbelwellenlager, i_1 Drucklager, k Kurbelwelle mit angeschraubten Gegengewichten, l Schwungrad, m Ständer zwischen Zylinder und Grundplatte, n Luftansaugerohr, n_1 Auspuffrohr, o Reibungskupplung, p Hebel zum Ein= und Ausrücken der Reibungskupplung, q Schraubenräder zum Antrieb der Steuerwelle r (Nockenwelle); s Nocke auf der Steuerwelle zum Heben der Ventile, t Einlaßventilspindel mit Feder und Rolle, u Auslaßventilspindel mit Feder und Rolle. Die Rolle unten an der Spindel soll die Reibung zwischen Ventilspindel und Nocke beim Arbeiten möglichst verringern. v Handkurbel zum Andrehen des Motors. Die Übertragung auf die Kurbelwelle geschieht durch zwei Kettenräder und eine Kette ohne Ende, wie aus der Figur ersichtlich. w Regulator auf der Steuerwelle r (s. besondere Zeichnung Fig. 8). Auf der Regulatorwelle (Steuerwelle) R ist das Regulatorgehäuse A mit der Kappe L durch die Stellschraube J befestigt. In dem Gehäuse können die beiden Hebelgewichte B sich um die Bolzen F drehen. G sind Rollen an den Enden der Hebelarme, welche auf den Stiften Q drehen. Sie sollen die Reibung verringern: Bei Erhöhung der Umdrehungszahl schwingen die Gewichte B durch die Fliehkraft nach außen, wie die gestrichelte Stellung zeigt, und schieben mit den Hebelrollen die Muffe C nach rechts. Dadurch wird eine Spiralfeder M in dem hohlen Teil der Welle zwischen den beiden Stiften H und P zusammengedrückt und sucht die Gewichte wieder nach innen zu drücken. Durch die Bewegung der Muffe C nach rechts gleitet die Nocke E auf der keilförmigen Verlängerung der Muffe nach innen und bewirkt einen kleineren Hub der Brennstoffpumpe. Bei verringerter Drehzahl des Motors wird die Muffe durch die Spiralfeder nach links gedrückt und die keilförmige Verlängerung der Muffe schiebt die Nocke wieder nach außen, so daß die Nockenhöhe größer und dadurch der Hub der Brennstoffpumpe größer wird. Es wird also wieder mehr Brennstoff eingespritzt und auf Vergrößerung der gesunkenen Umdrehungszahl hingearbeitet. Die Nocke E wird in einem Schlitz der Nockenhülse D geführt. D ist auf der Steuerwelle durch die Stellschraube K befestigt. Durch einen Hebel kann mit Hilfe des Bügels O die Muffe N in der Achsenrichtung verschoben werden. Dadurch wird die Spiralfeder in dem hohlen Teil der Steuerwelle zwischen den Stiften H und P mehr oder weniger gespannt. Hierdurch kann eine Änderung der Umdrehzahl innerhalb geringer Grenzen während des Betriebes erzielt werden.

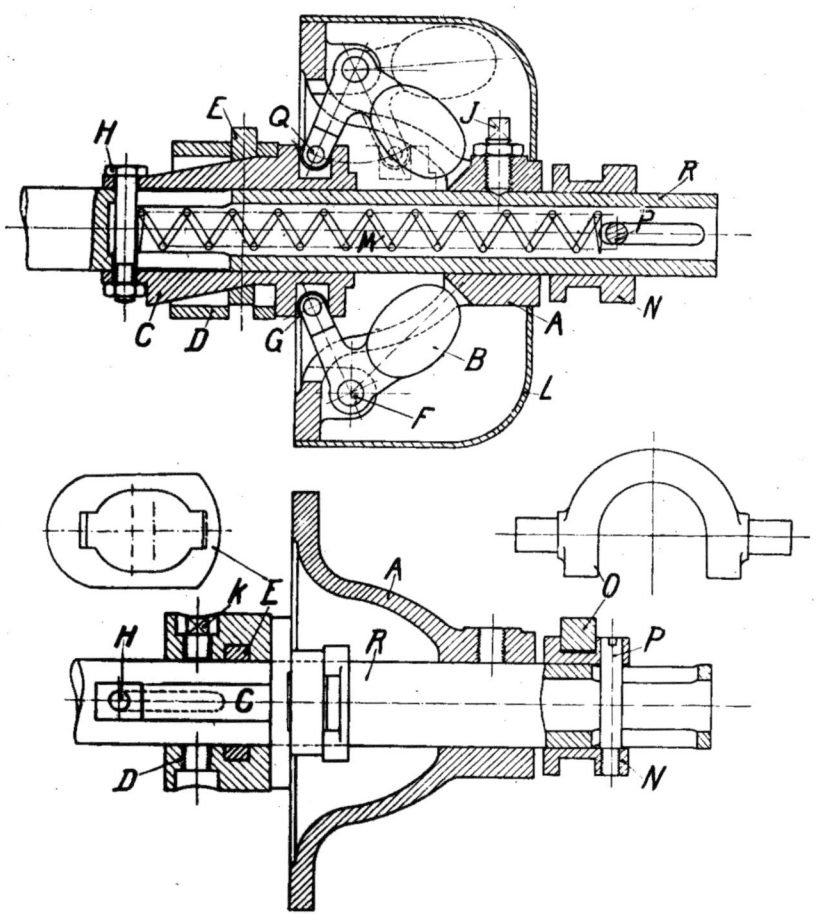

Fig. 8. Regulator zum Jörgensen-Motor.

Außerdem kann noch durch einen Hebel der Hub der Brennstoffpumpe von Hand reguliert und dadurch die Umdrehungszahl beliebig eingestellt werden. Bei y (Fig. 7) ist die Kühlwasser- und Lenzpumpe sichtbar. z ist die Schmierpumpe für den Zylinder, welche von der Steuerwelle r angetrieben wird. Durch den Hebel z_1 kann das Auspuffventil u angehoben werden, um die Kompression beim Andrehen auszuschalten. Durch den Hebel z_2 kann die Rolle der Ventilspindel des Auspuffventils etwas seitlich verschoben werden, so daß sie mit einer etwas veränderten Fläche der Nocke zusammenarbeitet und dadurch zeitweise die Kompression beim Anlassen verringert.

Abb. 9 zeigt einen neueren Jörgensen-Viertaktmotor mit oben im Deckel liegenden Ventilen, welche durch Stoßstangen und Hebel von der Nockenwelle aus betätigt werden.

a ist der Zylinder, b Ventil mit Feder, c Zylinderdeckel, d Glühhaube, e Spritzdüsenhalter, f Kolben, g Schubstange, h Grundplatte, i Kurbelwellenlager, k Kurbel mit Gegengewichten, l Schwungrad. Es ist auf dem Kurbelwellenflansch festgeschraubt. m Ständer zwischen Zylinder und Grundplatte, n_1 Saugrohrflansch, n Auspuffflansch am Zylinderdeckel, o Reibungskupplung, p Hebel zum Ein- und Ausrücken der Reibungskupplung, q Schraubenräder zum Antrieb der Steuerwelle r, welche halb so schnell wie die Kurbelwelle läuft. s Steuernocke zum Antrieb der Ventilstoßstangen t und u. Von t bzw. u wird die Bewegung durch die oben liegenden Hebel t_1 auf die Ventile übertragen. Die Hebel schwingen auf einer gemeinsamen Achse, welche durch die beiden Böcke t_2 getragen wird. v ist die Handkurbel mit Kettenrad zum Andrehen des Motors. w Regulator auf der Steuerwelle r. Die Regulatorgewichte verschieben die links von w sichtbare konische Muffe und stellen dadurch die Größe des Hubes der Brennstoffpumpe x ein. Außerdem ist eine Handeinstellung vorhanden. y ist Kühlwasser- und Lenzpumpe, z Zentralschmierpumpe. Der Antrieb durch die Steuerwelle ist in der Figur zu erkennen. z_1 Handhebel zum Anlüften des Auspuffventils, z_2 Handgriff zum Verstellen der Rolle an der Stoßstange des Auspuffventils zur zeitweisen Ausschaltung der Kompression.

(1) Fundamentrahmen aus Winkeleisen, welches bis hinter das Drucklager (2) durchgeführt ist. (3) Umsteuermuffe für den Propeller (Schraube). (4) Verstellspindel für die Propellerflügel, (5) hohle Schraubenwelle, (6) Stevenrohr, (7) umsteuerbare Schraube.

b) Zweitaktmotoren mit Glühhaubenzündung.

Die Gesamtanordnung eines Einzylinder-Zweitaktmotors mit Glühhaubenzündung, wie ihn die Firma Heinrich Callesen-Apenrade baut, zeigt die Fig. 10 in einem senkrechten Längs- und Querschnitt. In dem Längsschnitt ist der Zylinderdeckel abgenommen gedacht.

a ist der gußeiserne Zylinder. Der Kühlmantel und der Ständer sind gleich angegossen. (6) sind die Öffnungen für die Luftklappen im Kurbelgehäuse. (1) ist der Luftkanal und (2) der Auspuffkanal, welche durch den Kolben in seiner tiefsten Stellung freigelegt werden. Durch den Deckel x ist der Luftkanal zugänglich. Bei Leerlauf kann der Luft=

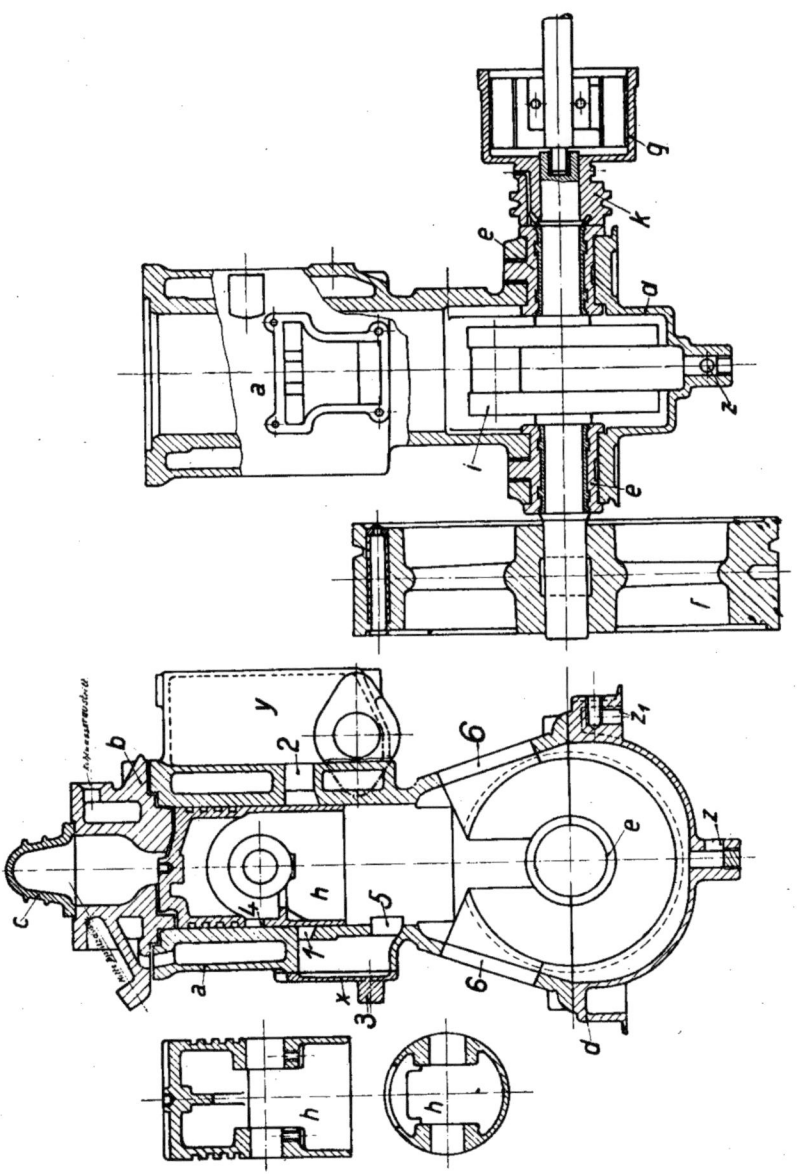

Fig. 10. Einzylinder=Zweitaktmotor der Firma Callesen=Apenrade.

kanal durch eine verstellbare Platte mehr oder weniger geschlossen werden, um die Spülluft aus dem Kurbelkasten etwas abzudrosseln, (3) ist die Mitte der Bewegungsspindel dieser Platte. Im Zylinderflansch ist links oben eine Öffnung sichtbar, durch welche der Kühlraum des Zylinderdeckels b mit dem Zylinderkühlmantel in Verbindung steht. Am gußeisernen Zylinderdeckel b ist die Lage der Spritzdüse und der Kühlwasserabfluß sichtbar. Auf den Deckel ist die gußeiserne Glühhaube c geschraubt. Die gußeiserne Grundplatte d bildet den unteren Teil des Kurbelgehäuses. Sie trägt die beiden Kurbelwellenlager e. Die Lager haben Lagerschalen, welche mit Weißmetall ausgegossen sind. Sie müssen sehr gut dicht halten, damit keine Luft aus dem Gehäuse entweicht. Im gußeisernen Schwungrad f ist oben der Griff zum Andrehen des Motors erkennbar. Er läßt sich herausziehen und springt beim Loslassen durch die Federkraft wieder zurück.

Der Kolben h hat vier Dichtungsringe; im Boden ist ein Gewindeloch für die Händelschraube zum Ausheben des Kolbens. Die Öffnung (4) in der Kolbenwand fällt bei der untersten Stellung des Kolbens mit der Luftkanalöffnung (5) zusammen, damit die Luft aus dem Kurbelgehäuse hier durchtreten kann; i ist die Kurbelwelle mit Gegengewichten an der Kurbel. Das Schraubenrad k auf der Kurbelwelle dient zum Antrieb der Zwischenwelle, welche den Regulator und die Brennstoffpumpe betätigt. Die Zwischenwelle läuft beim Zweitakt ebenso schnell wie die Kurbelwelle. y ist das Auspuffgefäß. Bei z ist der Ölabfluß aus dem Kurbelgehäuse. z wird mit z_1 durch ein Rohr verbunden. Durch den Luftdruck im Kurbelgehäuse wird das Tropföl in dem Rohr nach oben gedrückt und kann oben bei z_1 durch einen Hahn abgelassen werden.

Die Reibungskupplung g, ebenso der Regulator, die Brennstoffpumpe, die Spritzdüse, die Luftklappe, die Kühlwasser- und Lenzpumpe sind in den besonderen Zeichnungen 11 bis 16 im einzelnen angegeben.

Fig. 11 zeigt die Reibungskupplung. Das Kupplungsgehäuse a ist auf dem Ende der Kurbelwelle g festgekeilt, der Spreizring b ebenso auf dem Ende der Propellerwelle d. Der Ring b ist zweiteilig und wird an der Nabe durch zwei Bolzen zusammengeschraubt. Die Propellerwelle ist in einer Büchse c in der Kurbelwelle geführt. Durch Bewegung der verschiebbaren Muffe e nach rechts drückt der Konus der Muffe den Spreizhebel f nach außen. Dadurch wird der linsenförmige Teil des Spreizhebels etwas verkantet und federt den zweiteiligen Ring b auseinander, so daß er gegen die Innenfläche des Gehäuses a gedrängt wird. Hierdurch wird eine nachgiebige Verbindung zwischen a und b hergestellt, so daß beim Einschalten b allmählich durch die Reibung ohne Stoß mitgenommen wird.

— 27 —

Fig. 12 zeigt den Antrieb der Brennstoffpumpe mit Aussetzregulator. An den Regulator a ist die in Fig. 13 besonders gezeichnete Brennstoffpumpe b festgeschraubt; c ist der Kolben der Brennstoffpumpe. Nach dem Hereindrücken des Kolbens in die Pumpe wird er durch die Kolbenfeder jedesmal wieder herausgezogen. Beim Niedergang drückt der

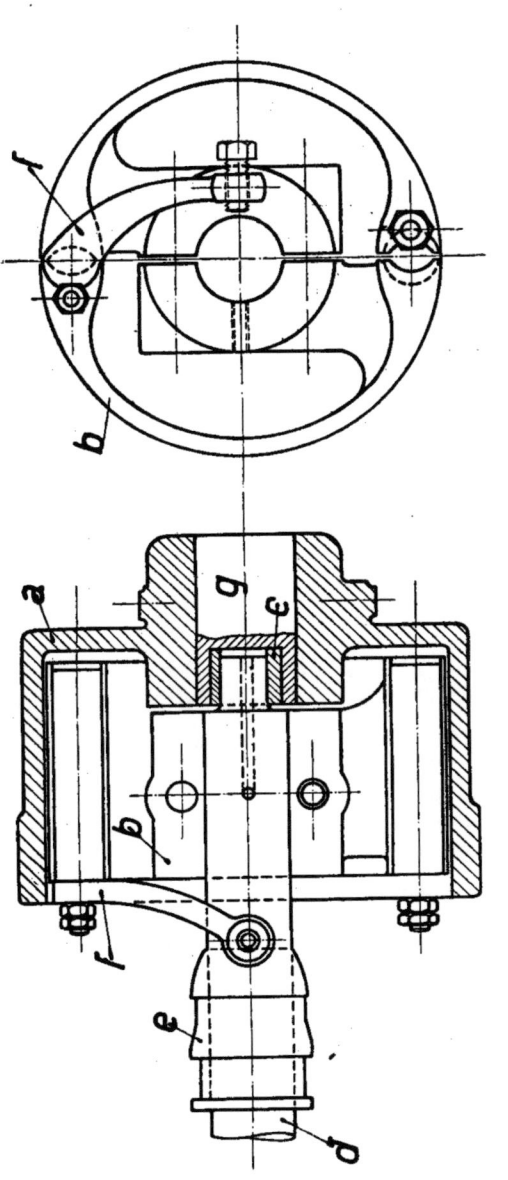

Fig. 11. Reibungskupplung zum Callesen=Motor.

Kolben die beim Aufgang angesaugte Brennstoffmenge in die Einspritz=
leitung. Der Regulator wird durch das auf der Zwischenwelle i
sitzende Exzenter h angetrieben. Die Regulatorspindel e ist mit dem
Exzenter durch das Gelenkstück g verbunden. Auf dem obersten Ende

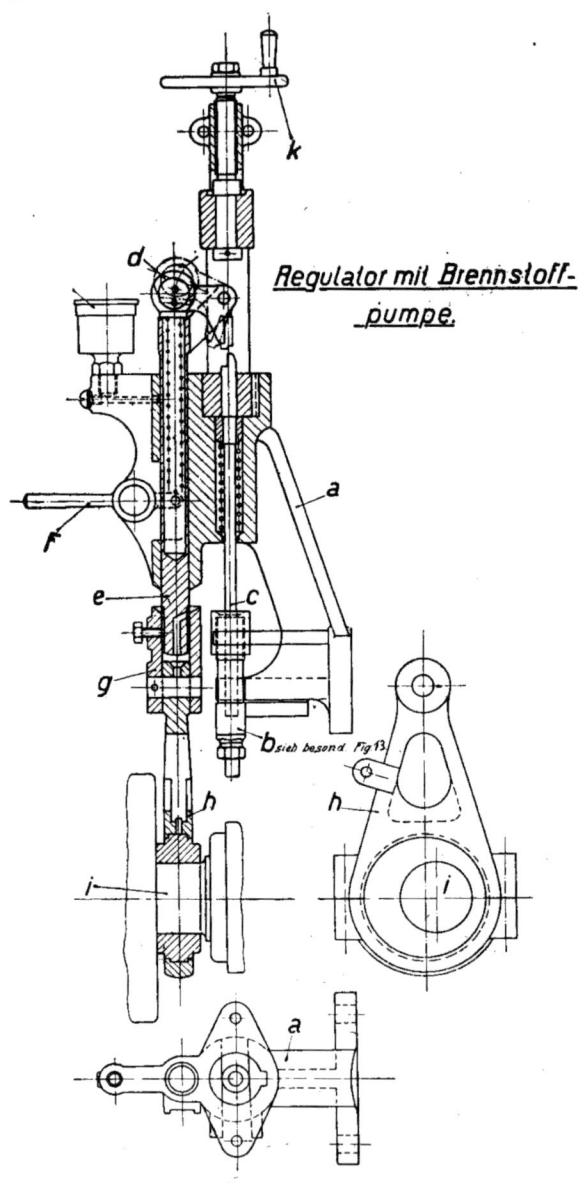

Fig. 12. Regulator mit Brennstoffpumpe zum Callesen=Motor.

der Regulatorspindel ist der Pendel d in einem Auge drehbar gelagert. Der linke Arm des Pendels wird durch die Regulatorfeder nach unten gezogen. Der rechte nach unten gerichtete Arm stößt in der gezeichneten Lage beim Abwärtsgang der Regulatorspindel gegen den Pumpenkolben und drückt ihn nach unten. Bei zu großer Geschwindigkeit des Motors kann der schwere Pendel die auf und ab gehende Bewegung nicht so schnell mitmachen. Er klappt ab und der untere Arm stößt an der

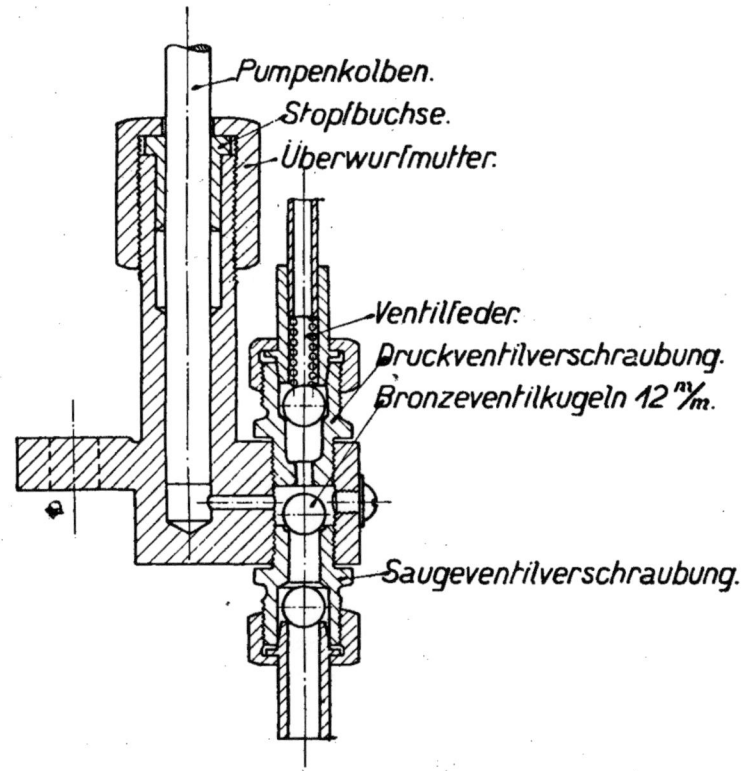

Fig. 13. Brennstoffpumpe zum Callesen=Motor.

Kolbenstange der Pumpe vorbei, wie gestrichelt gezeichnet. Dadurch fallen ein oder mehrere Pumpenhübe aus, und die Brennstoffpumpe fördert so lange keinen Brennstoff, bis der Motor wieder langsamer läuft. Die Pendelfeder kann durch den Hebel f mehr oder weniger angespannt werden. Durch Drehen am Handrade k kann der Pumpenkolben gehoben und gesenkt werden, wodurch die Pumpe mehr oder weniger Brennstoff fördert und somit auch eine Geschwindigkeitsregelung von Hand er= möglicht.

In Fig. 13 ist die Brennstoffpumpe zum Callesen=Motor abgebildet.

Die Ventile sind einfache Kugeln. Unter dem Saugventil liegt noch ein Rückschlagventil. Das Druckventil ist federbelastet.

In der Fig. 14 ist die Brennstoffspritze des Callesen=Motors angegeben. Es ist hier eine Dralldüse vorgesehen. Der Brennstoff erhält durch den Drall eine kreisende Bewegung und zerstreut sich nach dem Austreten aus der Düse regenartig, wodurch eine bessere und schnellere Verdampfung an der heißen Glühkopffläche erreicht werden soll. Die Spritze ist durch die

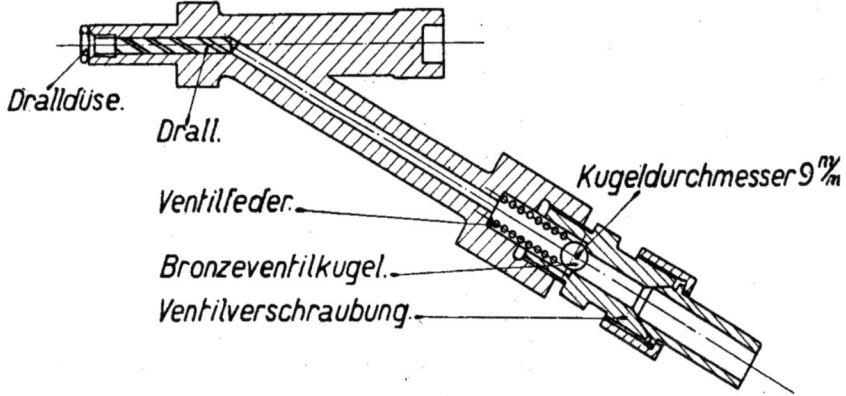

Fig. 14. Brennstoffspritze zum Callesen=Motor.

Verschraubung der Überwurfmutter rasch von der Rohrleitung zu lösen. An der Eintrittsseite ist ein Rückschlagventil in Form einer durch eine Feder belasteten Kugel vorgesehen.

Fig. 15 zeigt die Luftklappe am Kurbelgehäuse. Auf der Innenseite der Ventilplatte sind fünf federnde Stahlblätter angeschraubt, welche beim Aufgang des Motorkolbens sich selbsttätig öffnen und die Luft in den Kurbelraum treten lassen. Beim Niedergang des Motorkolbens schließen

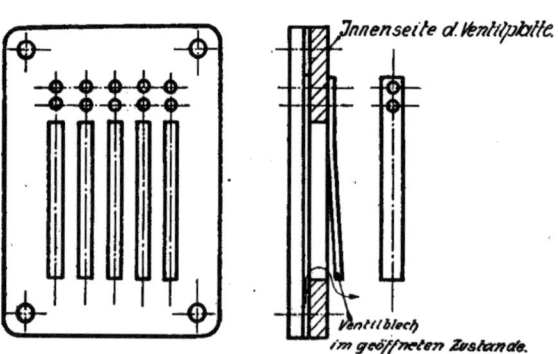

Fig. 15. Luftklappe am Kurbelgehäuse zum Callesen=Motor.

sich die Ventilbleche durch ihre Federkraft. Die Luft tritt durch seitliche Schlitze zwischen Ventilplatte und Deckel ein, wie der eingezeichnete Pfeil angibt.

Die Kühlwasser= und Lenzpumpen (Fig. 16) liegen beim Callesen= Motor nebeneinander und sind ganz gleich ausgeführt. Sie werden durch ein Exzenter h von der Zwischenwelle i angetrieben. Der Pumpen=

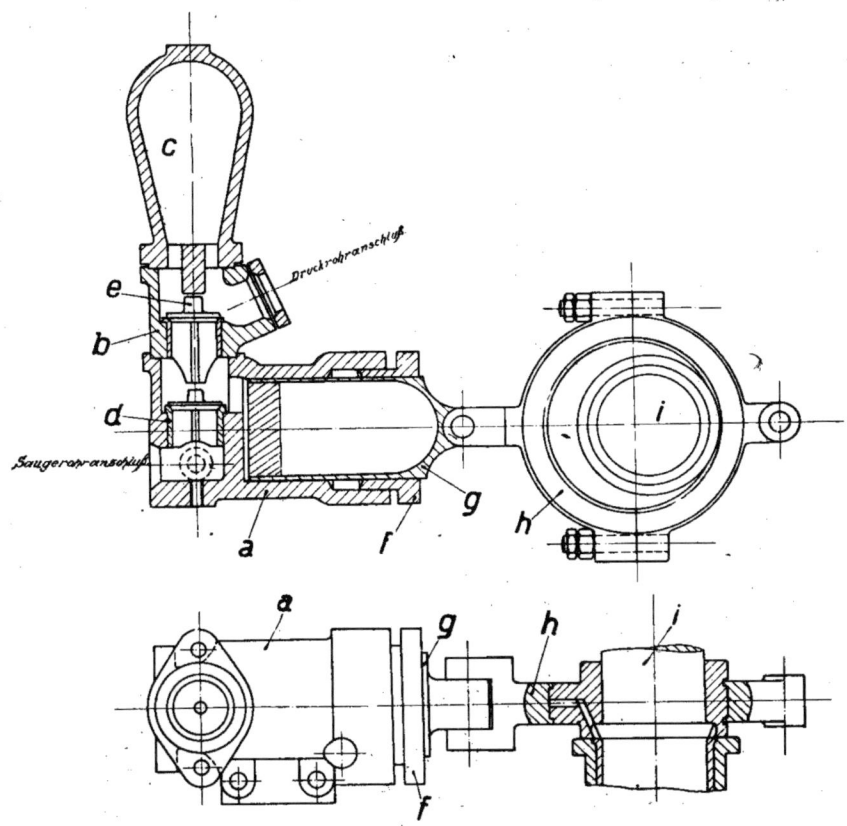

Fig. 16. Kühlwasser= und Lenzpumpe zum Callesen=Motor.

kolben g ist hohl aus Bronze gegossen und wird durch einen einfachen Holzpfropfen am Ende dicht gemacht. Der Pumpenkörper a enthält das Saugventil d und den Saugrohranschluß; f ist die Stopfbuchsbrille. Auf dem Pumpenkörper ist der Druckventilstutzen b mit dem Druckventil e und dem Druckrohranschluß befestigt. Auf dem Druckventilstutzen ist der Druckwindkessel c festgeschraubt. Derselbe soll die Stöße der Pumpe mildern. Bei Rechtsbewegung des Kolbens öffnet sich das Saugventil d, und es wird die Pumpe voll Wasser gesaugt; bei Linksbewegung wird das angesaugte Wasser durch das aufgedrückte Ventil c in die Druckleitung gefördert.

Fig. 17 ist die Zeichnung des Zweitakt-Glühkopfmotors der Gasmotorenfabrik Deutz. Der Zylinder hat angegossenen Kühlmantel und ist aus einem Stück mit dem Kurbelkasten ausgeführt. In die wassergekühlte Zylinderhaube b ist der schräg nach oben gerichtete Spritzdüsenhalter eingesetzt. Die Glühhaube ist durch eine kugelförmige Schutzhaube mit zwei Klappen eingehüllt. Die Blaselampe steht auf einem angeschraubten Teller. Der Auspuffschlitz (1) wird bedeutend früher als der Lufteintrittsschlitz (2) durch den abwärtsgehenden Kolben geöffnet. (3) ist das geschlitzte Luftansaugerohr mit dem Luftventil. Auf der gegenüberliegenden Seite des Gehäuses ist ein Deckel (4) für die Zugänglichkeit des Kurbeltriebwerks vorgesehen. Die Gegengewichte an der Kurbel sind zu erkennen. Bei (5) ist der Schmierölanstich zum Zylinder zu erkennen; (6) ist der Zentralschmierapparat. Die Zuführung des Öles zum Zylinder und zu den Lagern ist zu verfolgen; (7) ist das Regulatorgehäuse, (8) die Brennstoffpumpe. Der Zentrifugalregulator regelt die Brennstoffzufuhr, indem er den Hub der Brennstoffpumpe der Belastung entsprechend einstellt.

Fig. 18 zeigt das Lichtbild des eben besprochenen Deutzer Glühkopfmotors, und zwar als kleinere Ausführung mit Wendegetriebe für die

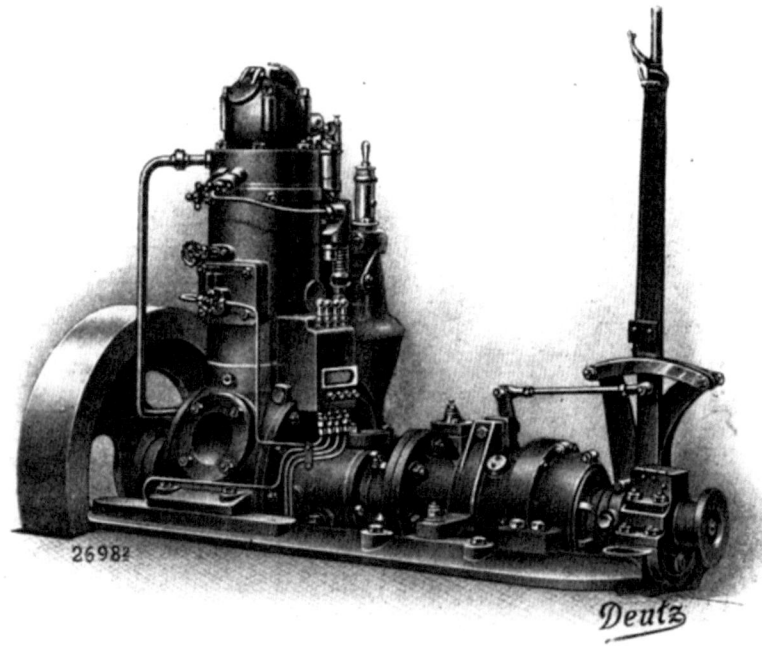

Fig. 18. Deutzer Zweitaktmotor mit Wendegetriebe für die Umkehr der Schraubenbewegung.

Umkehr der Schraubenbewegung. Das Regulatorgehäuse, der Zentral=
schmierapparat und die Rohrleitungen sind deutlich zu erkennen. Rechts
ist der Handhebel für das Wendegetriebe zu sehen. Die neueste Konstruktion
einer Deutzer Glühkopfmaschine ohne Wassereinspritzung wird nächstens
herauskommen. Ein Bild des neuen Motors konnte von der Firma noch
nicht zur Verfügung gestellt werden. Die Fundamentplatte, auf welche
das Ganze aufgeschraubt wird, ist bis zum Drucklager aus einem Stück
durchgeführt. Das Drucklager sieht man ganz rechts. Die Deutzer
Glühkopfmotoren arbeiten ohne Wassereinspritzung.

In Fig. 19 ist die Gesamtanordnung eines Einzylinder=Zweitakt=
Glühhaubenmotors der Grade=Motorenfabrik dargestellt.

Es bedeutet E Lufteinlaßkanal, A Auspuffkanal. Beide Kanäle
werden durch den Kolben in seiner tiefsten Stellung freigelegt. A wird
etwas früher geöffnet als E. Es ist (1) der Kolben, (2) die Glühhaube,
(3) luftdicht abschließendes Kurbelgehäuse, (4) nach innen sich öffnende
Luftklappe im Kurbelgehäuse, (5) Zylinder mit angegossenem Kühlmantel,
(6) Brennstoffpumpe, (7) Einspritzdüsenhalter, welcher durch eine einzige,
rasch zu lösende Schraubenspindel festgeklemmt ist, (8) Heizlampe,
(9 und 10) Klappen in der Schutzhaube. Beim Anheizen müssen beide
Klappen geöffnet werden. Durch zeitweiliges Öffnen der Klappen kann
die Wärme der Glühhaube etwas verringert werden. Außerdem ist zur
Regelung der Wärme des Glühkopfes eine Wassereinspritzung vorgesehen;
(11) angebauter Teller zum Aufsetzen der Heizlampe, (12) Ölgefäß zum
Zentralschmierapparat, (13) Hebel an der Brennstoffpumpe zum Pumpen
von Hand, (14) An= und Abstellhahn des Schmierapparates, (15) Schmier=
apparat, (16) Drucklager zur Aufnahme der Schubkraft des Propellers
(Schraube), (17) Muffe, (18) Handrad, (19) Hebel für die Schrauben=
verstellung, (20) Reibungskupplung, (21) Hebel zum Ein= und Ausrücken
der Reibungskupplung, (22) Stoßplatte zum Bewegen der Brennstoff=
pumpe, (23) Hebel mit Zeiger zum Verstellen der Umdrehungszahl von
Hand, (24) federnder Einschnappgriff im Schwungrad zum Andrehen des
Motors, (25) Stopfbuchse am Stevenrohr, (26) Exzenter zum Antrieb
der Brennstoffpumpe durch die Stoßplatte, (27) Achsenregler. Durch
Verdrehen des Reglers bei veränderter Tourenzahl wird der Hub des
Exzenters (26) verändert, so daß auch die Stoßplatte (22) und dadurch
ebenso die Brennstoffpumpe mehr oder weniger Hub erhält. Die Stoß=
platte hat unten eine schiefe Ebene und kann durch den Hebel (23) gedreht
werden, so daß dadurch auch eine Verstellung des Pumpenhubes und
somit auch der Tourenzahl von Hand ausgeführt werden kann. Der
Hebel (23) kann ebenso wie das Handrad (18) von Deck aus bedient
werden. Weiter bedeutet (28) Zylinderhaube, (29) Gehäusedeckel,
(30) Schubstange, (31) Schraubenkopf (Propellernabe), welcher so weit
mit konsistentem Fett (Starrschmiere) angefüllt wird, daß die Schrauben=

— 34 —

flügel (32) sich noch leicht drehen können, (33) Stopfbuchse der Umsteuerungsstange, (34) Stopfbuchse der Hohlwelle, (35) Gegenflansch am Stevenrohr mit Staufferbuchse, (36 und 37) Lager zu den Hebeln.

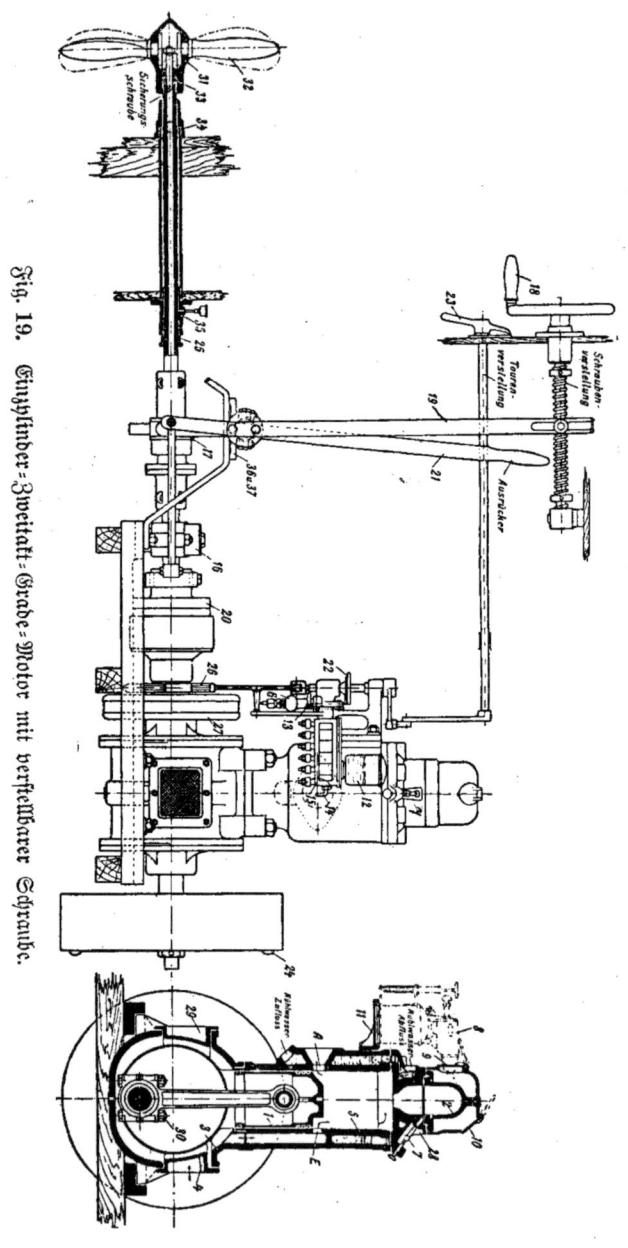

Fig. 19. Einzylinder-Zweitakt-Grube-Motor mit verstellbarer Schraube.

Der Kühlwasserzufluß unten am Zylinder und der Abfluß oben an der Zylinderhaube sind in die Figur (rechts) eingeschrieben. Die gewöhnliche Kühlwasserpumpe bietet nichts Besonderes. Sie ist in der Zeichnung nicht zu sehen.

Fig. 20 zeigt einen Zweizylinder=Swiderski=Zweitakt=Glühhauben=

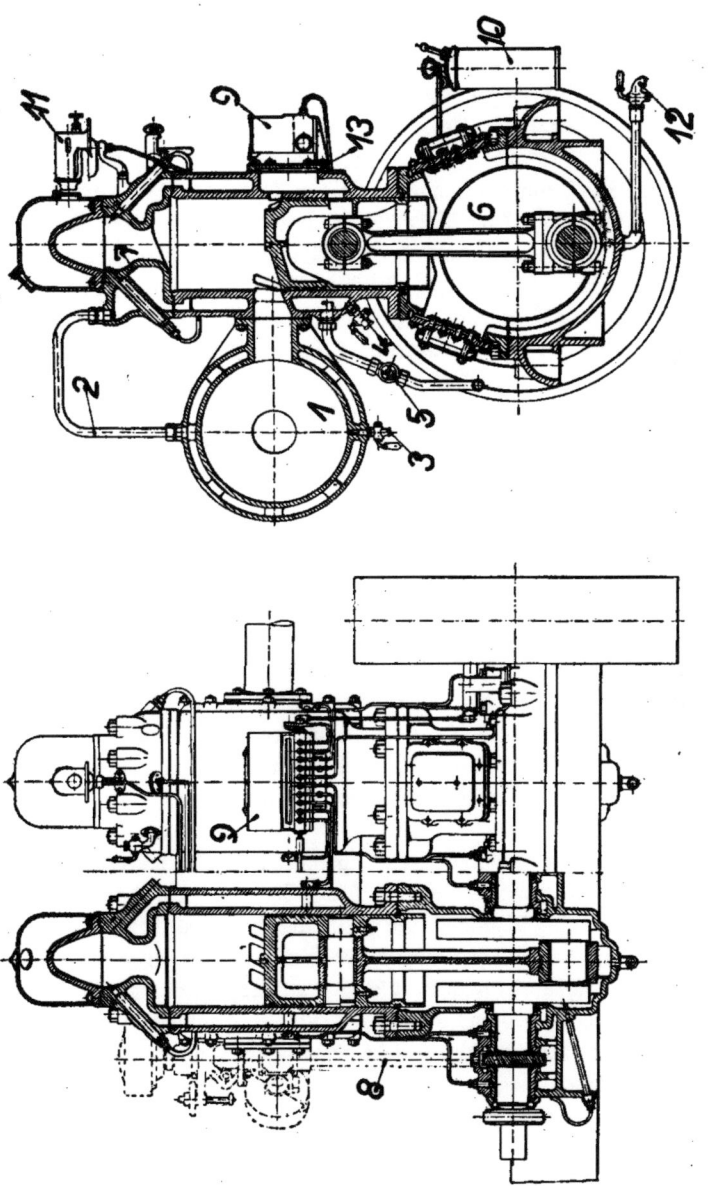

Fig. 20. Zweizylinder=Swiderski=Zweitakt=Glühhaubenmotor.

3*

motor, welcher von der Fahrzeugfabrik Eisenach hergestellt wird. Der Kühlmantel des Zylinders ist hier nicht ganz bis unten heruntergeführt. Ein Teil der Spülluft durchspült vor dem Eintritt in den Zylinderkanal erst den Kolben. Der Kolben und der Kolbenbolzen sollen hierdurch gekühlt werden. Die Einlaß- und Auspuffschlitze im Zylinder sind in der Figur zu erkennen. Der Motor arbeitet mit ziemlich hoher Kompression (bis 6 Atmosphären) und daher günstigem Brennstoffverbrauch. Die Firma gibt als Verbrauch 330 g für die Stunde und Pferdestärke bei den kleinsten Ausführungen und 230 g für die größten Motoren an. An den Auspuffkanal ist gleich das Auspuffgefäß (1) mit Kühlmantel angeschraubt. Das Kühlwasser, welches unten durch das Rohr (5) in den Zylindermantel einströmt, durchfließt den Zylinder, die Zylinderhaube und tritt dann durch das Rohr (2) in den Kühlmantel des Auspufftopfes und von dort nach außenbord. Am Auspuffgefäß ist unten der Ablaßhahn (3) zu erkennen, (4) ist der Ablaßhahn des Zylinderkühlmantels. Der Schubstangenschaft (6) besteht aus Stahlguß. Das Kreuzkopfzapfenlager ist zweiteilig, während es bei den meisten Fischereimotoren eine einfache einteilige Lagerbuchse ist. In der Zylinderhaube (7) ist die Brennstoff- und Wassereinspritzdüse zu erkennen.

Die senkrechte Regulatorwelle (8) wird durch Schraubenräder von der Kurbelwelle aus angetrieben. Oben trägt die Regulatorwelle den Zentrifugalregulator. Derselbe soll nur das Durchgehen des Motors verhindern, indem er den Hub der Brennstoffpumpe verkleinert. Durch Anspannen einer Feder kann die Belastung des Reglers geändert werden, wodurch eine Regelung von Hand innerhalb geringer Grenzen möglich ist. (9) ist der Zentralschmierapparat. Der Petroleumbehälter (10) der Blaselampe steht auf dem Fußboden des Maschinenraums und ist mit dem Brenner (11) durch eine Rohrleitung verbunden. (12) ist der Ablaßhahn des Kurbelgehäuses, (13) Deckel für den Zylinderluftkanal. Die Schmierung des Kurbelzapfens ist hier ebenso wie bei den meisten anderen Fischereimotoren als Zentrifugalschmierung ausgeführt, wie Fig. 4 Seite 20 zeigt.

Fig. 21 ist das Lichtbild eines größeren Zweizylinder-Swiderski-Motors. Am Kurbelgehäuse sind die Deckel der Luftventile, am Zylinder die Deckel für die Zugänglichkeit der Lufteinlaßkanäle zu erkennen. Der Zentralschmierapparat ist hier hinter der Maschine auf einer Säule angeordnet. Die Schmierleitungen sind gut zu verfolgen. Ebenso ist die Rohrführung von den Brennstoffpumpen zu den Spritzdüsen deutlich zu sehen. Links von den Zylindern sieht man die Regulatorwelle mit dem Regulator. Zwischen Regulatorwelle und Schmierapparat ist die Kühlwasser- und Lenzpumpe sichtbar. Die ganze Maschinenanlage ist bis zum Drucklager, welches ganz links zu erkennen ist, auf einer durchgehenden Fundamentplatte, wie allgemein üblich und erforderlich, montiert.

Beim Zweitaktmotor der deutschen Kromhout=Motorenfabrik in Brake (Fig. 22) erfolgt die Verdampfung und Zündung durch eine Zündplatte oder Glühzunge (51). Der Brennstoff wird durch die bei (57) eingesetzte Spritzdüse gegen die Glühzunge gespritzt. Die Einspritzung erfolgt kurz bevor der Kolben seine höchste Stellung erreicht hat.

An den Deckel (50) sind außen Heizrippen angegossen. An der Innenseite ist die Glühzunge durch die Schraube (52) befestigt. Vor dem Anlassen des Motors wird der Deckel von außen durch eine Blaselampe erhitzt. Die Wärme teilt sich dann der Glühzunge mit. Bei Leer'auf bleibt die Zündplatte genügend warm. — (53) ist die Schutz=

Fig. 21. Größerer Zweizylinder=Zweitakt=Motor.

haube zum Glühdeckel. Durch die Öffnungen (55) tritt das Kühlwasser von dem Zylindermantel in den Mantel des Zylinderkopfes (54), (38) ist der Kolben mit den Dichtungsringen. Das zweiteilige Kurbelzapfen= lager (45 und 46) ist mit Weißmetall ausgegossen. (60 bis 65) sind die Luftventile im Kurbelgehäuse. (64) ist die Lederdichtung des Ventils.

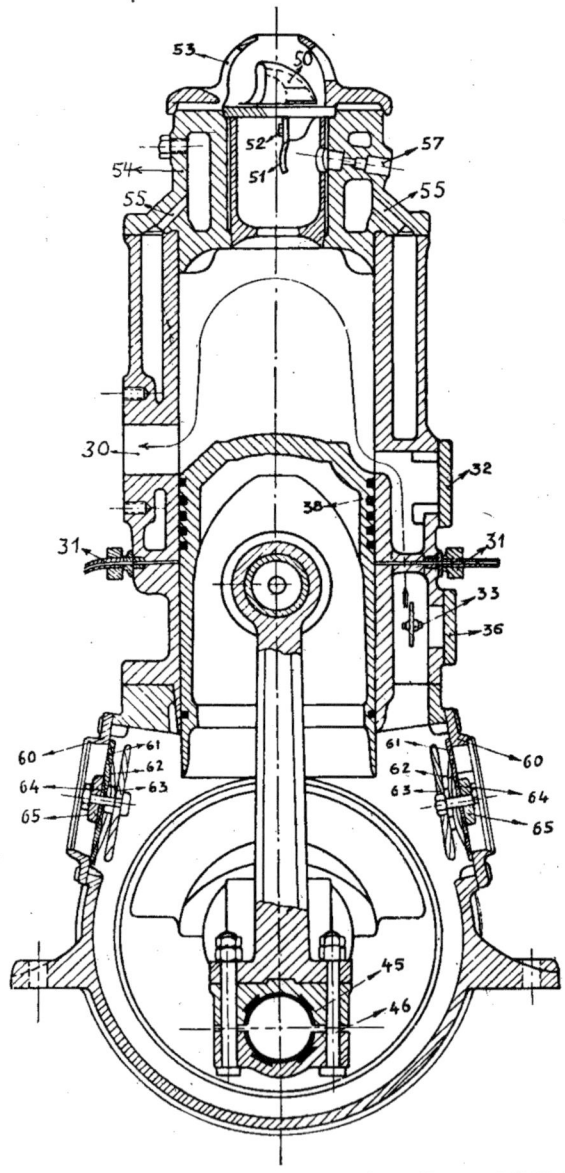

Fig. 22. Zweitaktmotor der deutschen Kromhout=Motorenfabrik in Brake.

(31) sind die beiden Schmierölanstiche für die Zylinderschmierung. (33) ist eine von außen drehbare Drosselklappe im Zylinderluftkanal, durch welche bei Leerlauf der Luftzutritt zum Zylinder verengt werden kann. Durch den Deckel (36) ist die Klappe zugänglich. (30) ist der Auspuffschlitz, an welchem der Auspufftopf unmittelbar angeschraubt wird. Der Kolben ist in seiner tiefsten Stellung gezeichnet, in welcher er links den Auspuffkanal und rechts die Saugkanalöffnung freilegt. Durch die Form des Kolbenbodens bewegt sich die aus dem Kurbelkasten eingedrückte Luft in der durch den Pfeil angedeuteten Weise durch den Zylinder und treibt dadurch die verbrannten Gase aus dem Zylinder. Der Motor arbeitet ohne Wassereinspritzung. Bei Leerlauf muß die Kühlwasserzufuhr so weit verringert werden, daß die Außenwand des Zylinderkopfes (54) gut handwarm bleibt, weil sonst die Zündungen aussetzen können. Die Glühzunge muß öfter nachgesehen und, wenn nötig, mit einem Messer abgekratzt werden. Das aus dem Kurbelgehäuse mitgerissene Schmieröl verbrennt teilweise mit im Zylinder. Dadurch können mit der Zeit an den Zylinderkanalöffnungen Verengungen durch Krustenbildung entstehen. Diese lassen sich im Saugkanal durch den Deckel (32), im Auspuffkanal durch Abschrauben des Auspuffgefäßes entfernen.

Die Regelung erfolgt durch einen Zentrifugalregulator, welcher der Belastung entsprechend den Hub der Brennstoffpumpe verstellt. Die Umsteuerung der Schraubenwelle geschieht durch eine Umkehrkupplung. Ganz große Kromhout=Motoren werden durch komprimierte Luft direkt umgesteuert.

2. Hochdruckmotoren mit Kompressionszündung.

a) Viertaktmotor mit Selbstzündung.

In den Fig. 23 bis 25 ist der Viertakt=Brons=Motor der Gasmotorenfabrik Deutz abgebildet. Fig. 23 ist der senkrechte Quer= und Längsschnitt durch den ganzen Motor. In Fig. 24 ist der Zylinderkopf noch einmal in zwei senkrechten Schnitten in größerem Maßstabe gezeichnet. Fig. 25 ist der Kompressor zur Erzeugung der Druckluft zum Anlassen des Motors und die Kühlwasserpumpe.

Als Lauffläche für den Kolben ist eine besondere Zylinderbuchse in den Zylinder eingesetzt (s. Fig. 23). Der Raum zwischen Buchse und Zylinder bildet den Kühlmantel. Die Steuerwelle St liegt längsschiffs; sie wird durch Zahnräder von der Kurbelwelle mit halber Geschwindigkeit angetrieben, da der Motor im Viertakt arbeitet. Die Ventile sind in dem hohen Zylinderkopf untergebracht. Sie öffnen sich nach innen und werden durch Federn geschlossen. A ist Anlaßventil, B Brennstoffventil, S Saugventil (Einlaßventil), A_1 Auspuffventil (s. auch Fig. 24). Die Ventile werden durch Nocken auf der Steuerwelle St angetrieben unter

Zwischenschaltung von senkrechten Stoßstangen und Doppelhebeln. Der Brennstoffventilhebel H (s. Fig. 24) wird von dem Hebel des Luftansaugeventiles bewegt. Alle vier Ventile sind gesteuert. Die Steuerwelle kann mit den darauf sitzenden Nocken durch einen Handgriff in der Längsrichtung verschoben werden, so daß beim Anlassen nur das Anlaß- und Auslaßventil im Zweitakt arbeiten, während Einlaß- und Brennstoffventil ausgeschaltet sind. Wenn der Motor die nötige Anlaßgeschwindigkeit erreicht hat, wird durch Zurückschieben der Steuerwelle die Steuerung so eingestellt, daß Einlaß-, Auslaß- und Brennstoffventil im Viertakt arbeiten. Der Brennstoff wird durch eine Brennstoffpumpe in das über dem Zylinderkopf angebrachte Überlaufgefäß U gefördert und fließt von dort der Zündkapsel K zu. Zuviel geförderter Brennstoff fließt aus dem Überlaufgefäß durch eine Rohrleitung nach dem Brennstoffbehälter zurück. Durch die Öffnung D (Fig. 24) kann dem Brennstoff eine geringe Luftmenge zugeführt werden, um die Vergasung des Brennstoffes zu fördern. Die Zündkapsel K hat eine Anzahl feiner seitlicher Öffnungen, durch welche nach erfolgter Zündung der Brennstoff

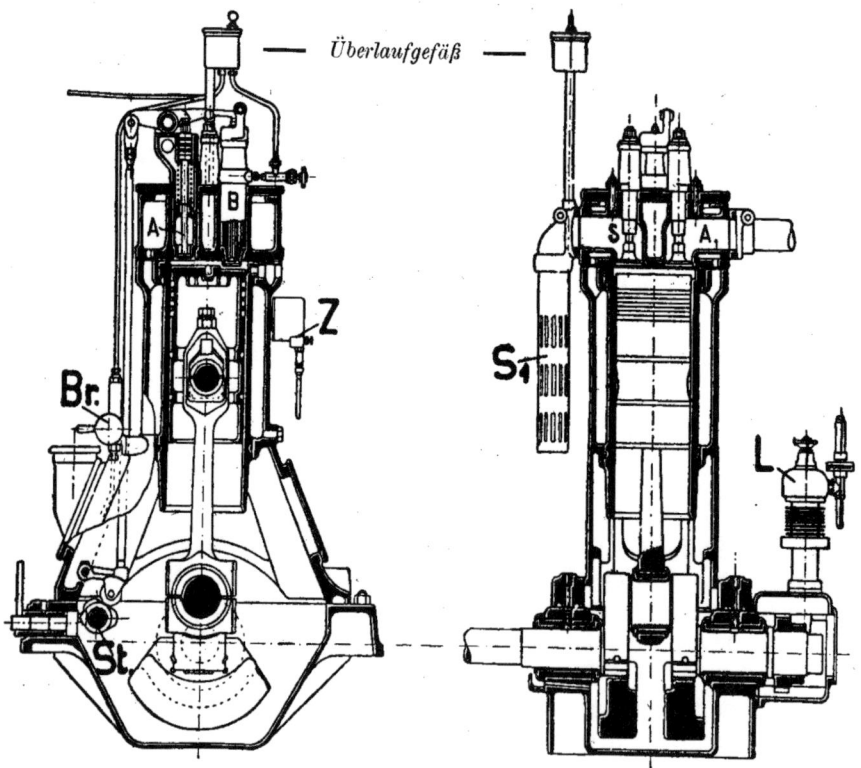

Fig. 23. Viertakt-Brons-Motor der Gasmotorenfabrik Deutz.

fein verteilt in den Zylinder geschleudert wird und hier verbrennt. Die Zündung erfolgt durch die hohe Kompressionswärme. Der Brennstoff tritt vom Überlaufgefäß durch das Nadelventil N zum Brennstoffventil B. Bei jeder zweiten Umdrehung wird B geöffnet, und der abwärtsgehende Kolben saugt das Rohöl in die Kapsel K.

Der Regulator wird erst bei hoher Umdrehungszahl wirksam, indem er die Zufuhr zum Brennstoffventil durch das Nadelventil N absperrt. Der Regler greift an dem in der Fig. 24 bezeichneten Hebel des Nadel= ventiles N an und dreht die Nadel. Das Nadelventil hat oben steiles Gewinde, so daß es bei einer geringen Drehung nach der einen oder anderen Richtung schließt bzw. öffnet. Es soll durch den Regler also nur das Durchgehen des Motors verhindert werden. Der Hub des Brennstoffventils B kann von Hand eingestellt werden, wenn die

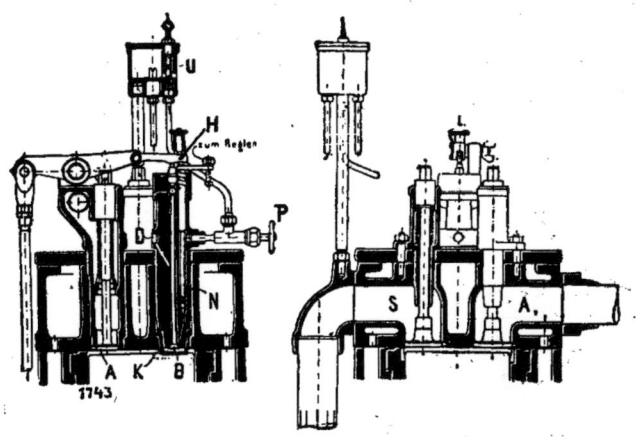

Fig. 24. Zylinderkopf zum Brons=Motor.

Leistung des Motors innerhalb weiter Grenzen geändert werden soll. Bei Leerlauf muß z. B. der Hub des Brennstoffventils von Hand kleiner gestellt werden, damit der Motor regelmäßig und nicht zu rasch läuft.

In Fig. 23 ist L der Luftkompressor, S_1 das Luftansaugerohr, Z Zentral= schmierapparat, Br Brennstoffpumpe; P (Fig. 24) ist das Probierventil, durch welches vor dem Anlassen des Motors geprüft werden kann, ob die Leitung mit Brennstoff gefüllt ist und die Pumpe richtig arbeitet. Das Kurbelgehäuse hat zwei große Deckel, um die Triebwerksteile zugänglich zu machen.

Der Luftkompressor und die Kühlwasserpumpe werden gemeinsam durch einen Kurbeltrieb bewegt (f. Fig. 25). Der Kompressor hat kein Saugventil, sondern nur Saugschlitze s in der Zylinderwand, welche durch den Kolben in seiner tiefsten Stellung freigelegt werden. Der Kompressorzylinder (1) hat eine Anzahl Kühlrippen, welche die durch die Verdichtung erzeugte Wärme ableiten sollen, (2) ist die Kompressorhaube,

(3) Handrad zum Öffnen des Druckventiles, wenn die Luftpumpe leer laufen soll, (4) Druckventil, (5) Druckventilspindel, (6) Ventilfeder, (7) Kompressorkolben, (8) Kolbenringe, (9) Kolbenbolzen, (10) Schubstange, (11 bis 13) Teile zur Schubstange, (14) Tropföler, (15) Sicherheitsventil, (16) Pumpengehäuse zur Kühlwasserpumpe, (17) Pumpenkolben, (18) Staufferbüchse, (19) Ledermanschetten des Kolbens, (20) Zwischenscheibe, (21) Kolbenbolzen, (22) Kurbelstange zur Pumpe, (23) Kurbelstangenbolzen zur Pumpe, (24 u. 25) Saugventil mit Gummiring, (26) Druckventil, (27 u. 28) Haube zur Pumpe mit Gummiring, (29) Druckwindkessel zur Vermeidung von Stößen in der Pumpe; a ist der Saugrohranschluß, b der Druckrohranschluß der Pumpe. Durch Öffnen des Hahnes d kann ein Teil des angesaugten Wassers durch den Rohranschluß c wieder außenbords gedrückt werden, wodurch eine Regelung der Kühlwassermenge erzielt wird.

Der Brons-Motor kann mit Petroleum und auch mit Gasöl arbeiten. Er wird für eine Leistung von 6 bis 16 PS als Einzylindermotor, von 16 bis 32 PS mit zwei Zylindern ausgeführt.

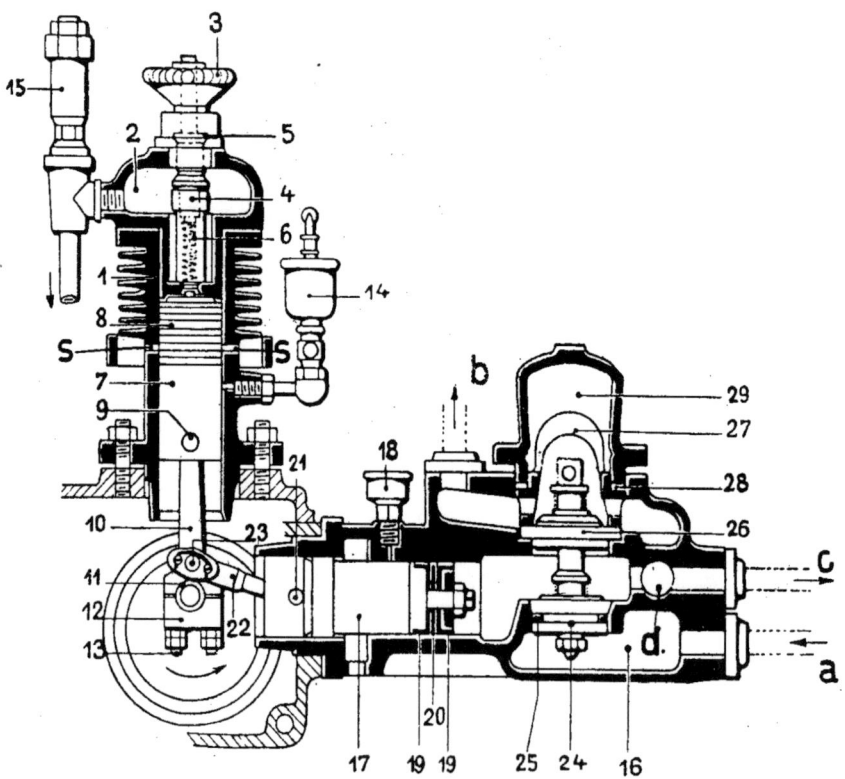

Fig. 25. Kompressor (links) und Kühlwasserpumpe (rechts) zum Brons-Motor.

b) Zweitaktmotor mit Selbstzündung.

Fig. 26 zeigt einen neueren Hochdruckmotor, welcher nach dem Zweitaktverfahren arbeitet. Die Zündung erfolgt durch die Kompressions= wärme. Der Motor wird nach einem dänischen Patent u. a. von der

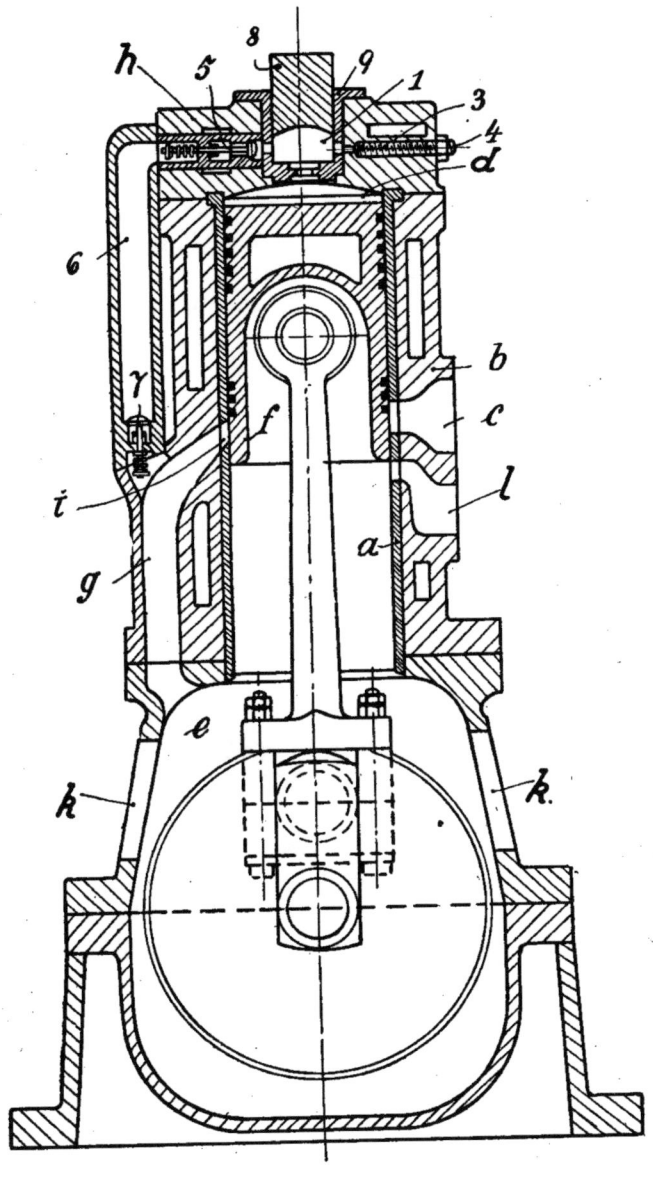

Fig. 26. Zweitakt=Hochdruckmotor (Deutscher Nielsen=Motor).

Motorfabrik C. Jörgensen-Kiel und der Maschinenbau-Anstalt von Bohn und Kähler-Kiel ausgeführt.

a ist eine besondere in den Zylinder b eingesetzte Laufbuchse, c ist Auspuffkanal, d Kompressionsraum oder Verbrennungsraum, e Kurbelgehäuse, f Kolben, g Luftkanal zwischen Kurbelgehäuse und Zylinder, h Zylinderdeckel, i Einmündung des Luftkanals in den Zylinder. Bei k sind Deckel für die Zugänglichkeit des Kurbeltriebwerks vorgesehen. Der Lufteintritt in das Gehäuse erfolgt durch den Kanal l, welcher von dem Kolben in seiner höchsten (gezeichneten) Stellung kurze Zeit geöffnet wird. Die neuesten Ausführungen des Motors haben aber wieder Luftventile am Kurbelgehäuse.

Durch die kleinen Ventile (7) und (5) wird kurz vor der unteren Totlage des Kolbens etwas Luft aus dem Kurbelkasten durch den Kanal (6) in die Zündkammer (1) gedrückt, so daß diese ausgewaschen und mit frischer Luft gefüllt wird. Die Brennstofförderung durch die Brennstoffpumpe in die Zündkammer (1) erfolgt durch einen feinen Strahl während des Aufganges des Kolbens. Durch die Wärme und die Geschwindigkeit der während der Kompressionsperiode in die Zündkammer einströmenden Luft wird ein Teil des Brennstoffs in der Kammer zerstäubt und verdampft, der übrige Teil lagert sich in der Kammer. Die Zündung erfolgt zuerst in der Zündkammer, wodurch dann der ganze Brennstoff durch die kleine Öffnung im Boden der Zündkammer fein zerstäubt in den Zylinder geschleudert wird und hier verbrennt.

Kapsel (9) ist herausnehmbar und (8) ist durch Gewinde verstellbar, wodurch ein früherer oder späterer Zeitpunkt für die Zündung eingestellt werden kann.

3. Wendegetriebe und umsteuerbare Schraube.

Die Umsteuerung der Schraubenwelle für Vorwärts- und Rückwärtsgang durch ein Wendegetriebe wird bei Fischerbooten seltener ausgeführt. Die Kurbelwelle und die Schraubenwelle werden dann ebenfalls durch eine Reibungskupplung miteinander verbunden, so daß beim Andrehen des Motors die Schraube ausgerückt werden kann. Die Reibungskupplung ist aber so eingerichtet, daß entweder die Schraubenwelle direkt mit der Kurbelwelle gekuppelt wird, so daß beide Wellen in derselben Richtung umlaufen, oder es werden Umkehrräder eingeschaltet, so daß die Schraubenwelle dann in umgekehrter Richtung wie die Motorwelle läuft.

Fig. 27 zeigt eine Umkehrkupplung mit Wechselrädern, wie sie besonders auf dänischen Fischerbooten zu finden ist. Die beiden Keilnutenstücke a, auf welchen die Kegelräder e fest aufgekeilt sind, können sich lose auf der Schraubenwelle h drehen. Das rechte Kegelrad e ist an das Schwungrad k festgeschraubt. Die innere Muffe b ist auf der

Schraubenwelle festgekeilt und auf b ist die Hohlmuffe d in einer Feder nach rechts und links verschiebbar. d hat kegelförmige Innenflächen. Die Verschiebung der Hohlmuffe erfolgt durch den Handhebel unter Zwischenschaltung eines Schleifringes, welcher die Drehung der Hohlmuffe zuläßt. c sind dreiteilige Kupplungsbacken mit Keilnuteneingriff. Bei Rechtsbewegung des Hebels legen sich die rechten Backen c an das rechte Kupplungsstück a an und stellen dadurch eine Verbindung des rechten Kegelrades e und somit der Kurbelwelle i mit der Schrauben=

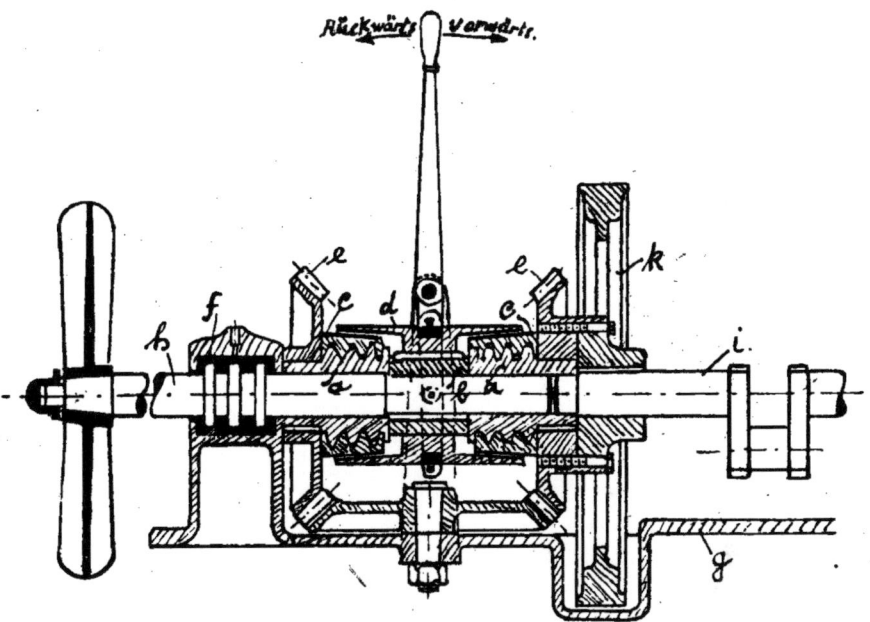

Fig. 27. Umkehrkupplung mit Wechselrädern.

welle h her, so daß beide Wellen dieselbe Drehrichtung haben. Bei Linksbewegung des Hebels wird rechts die Kupplung gelöst und das linke Kegelrad e wird vermittelst der linken Reibungskupplung (a und e) mit der Schraubenwelle verbunden. Durch die Zwischenübersetzung der drei Räder wird jetzt das linke Kegelrad e und damit auch die Schrauben= welle in entgegengesetzter Richtung angetrieben.

In der Mittelstellung der Hohlmuffe d drehen sich die Räder mit den Keilnutenstücken a leer und die Schraubenwelle ist völlig ausgerückt. f ist das Drucklager, welches den Schub des Propellers (Schraube) auf= nehmen soll. Motor, Umkehrkupplung und Drucklager haben einen durchgehenden gemeinsamen Fundamentrahmen g.

— 46 —

Meistens verwendet man heute eine Schraube mit umsteuerbaren Flügeln. Etwas unbequemer ist die umsteuerbare Schraube nur bei Booten mit geringem Tiefgang in Gewässern mit viel Seetang, da der Tang sich leicht in die Schraube setzt und dann störender als bei fester

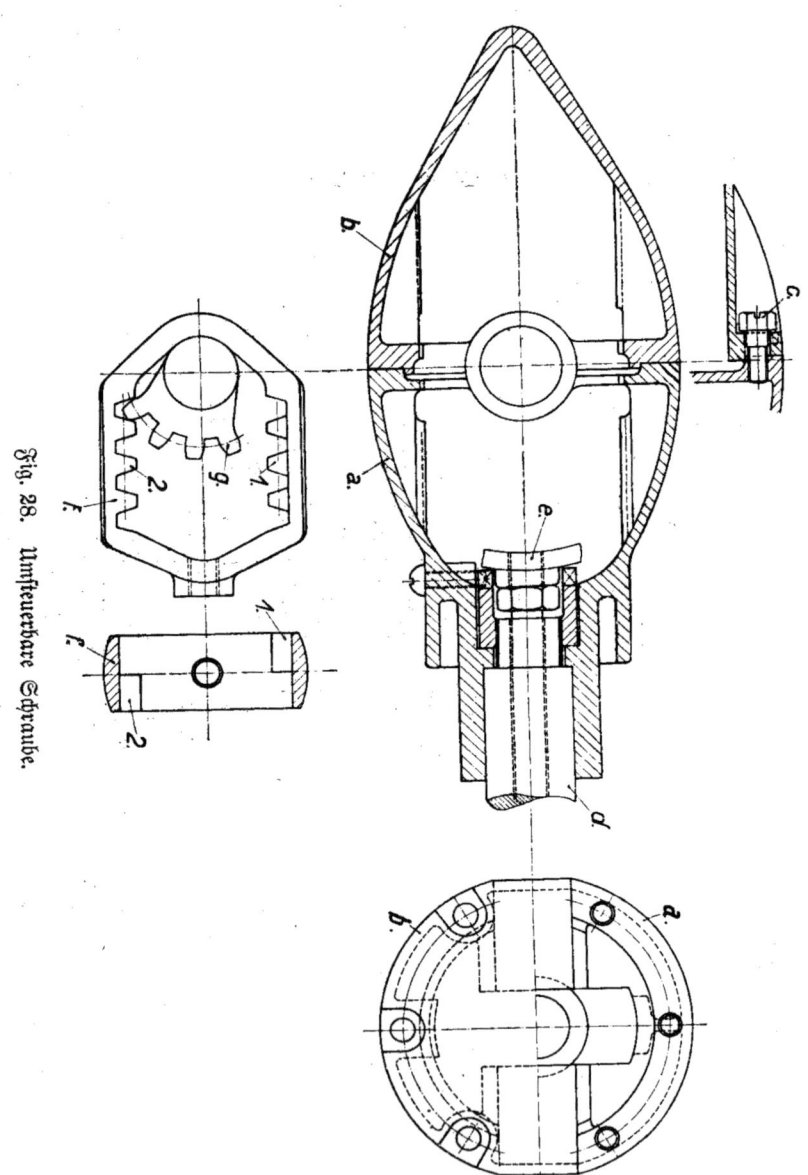

Fig. 28. Umsteuerbare Schraube.

Schraube ist. Die umsteuerbare Schraube ist aber bei der jetzigen vorzüglichen Durchbildung im allgemeinen vorteilhafter als das Wendegetriebe. Vor allem ist es bei ihr sehr günstig, daß man die richtige Steigung der Flügel für jede Fahrgeschwindigkeit einstellen kann.

Fig. 28 zeigt eine umsteuerbare Schraube, wie sie z. B. Callesen-Apenrade ausführt. Die beiden Nabenhälften a und b werden durch die versenkten Schrauben c zusammengehalten, d ist die hohle Propellerwelle. In derselben ist die Verstellspindel e in der Längsrichtung verschiebbar. Auf das hinterste Ende der Spindel ist ein Rahmen f aufgeschraubt. Dieser Rahmen f hat auf seiner Innenfläche oben die Zähne (1) und unten die Zähne (2). Die beiden Schraubenflügel sind mit Zapfen drehbar in die Nabe eingesetzt. Die Zapfen tragen innen ein Zahnrad g, von welchem nur etwa ein Viertel ausgebildet ist. Durch Bewegung der Verstellspindel e in der Längsrichtung drehen die Zähne (1) den einen Schraubenflügel und gleichzeitig die Zähne (2) den anderen Flügel, so daß dadurch jede beliebige Steigung der Flügel vorwärts und rückwärts eingestellt werden kann. In der Mittelstellung ist die Steigung gleich Null und die Schraube läuft leer. In der alleräußersten Stellung können die Schraubenblätter so eingestellt werden, daß die Fläche in der Längsrichtung des Fahrzeuges liegt. Außerdem läßt sich die ganze Schraube noch so drehen, daß der eine Flügel oben, der andere unten steht. Man nennt dies die Segelstellung und stellt die Schraube auf dieser Stellung fest, wenn man ohne Motor nur mit Segeln fahren will.

Für die Verschiebung der Verstellspindel, welche während der Drehung der Propellerwelle geschehen muß, gibt es verschiedene Möglichkeiten. Fig. 29 zeigt eine Ausführung von Carl Meißner, Hamburg. Die Verstellspindel, welche durch die hohle Propellerwelle in die Propellernabe geführt wird, ist in dem Flansch a befestigt. Der Flansch a tritt durch Ausschnitte der sogenannten Laterne b nach außen und wird hier durch die Spindeln d mit der in der Längsrichtung verschiebbaren Muffe e verbunden. Die Laterne ist mit der Zwischenwelle fest verkeilt und stellt durch Vermittlung der festen Muffe c die Verbindung der Zwischenwelle mit der Propellerwelle her. Das Lager f dient als Drucklager, um den Schub des Propellers aufzunehmen. Durch Verschiebung der Muffe e vermittelst des Hebels g wird die Verstellspindel ebenfalls verschoben, und dadurch kann während des Betriebes die Umsteuerung der Schraubenflügel bewirkt werden. Der Hebel g ist mit der Muffe e lagerartig verbunden, so daß die Muffe e sich mit der Zwischenwelle drehen kann. Auf den Spindeln d befinden sich Muttern, durch welche die Größe der Steigung der Schraube eingestellt werden kann. In den Endstellungen dienen die Muttern zur Entlastung des Hebellagers. In der Fig. 30 ist eine Hebelumsteuerung für kleine offene

Fischerboote von Carl Meißner Nachfolger (jetzt Carl Burchard) Hamburg abgebildet. a ist der Hebel zum Ein= und Ausrücken der Reibungs= kupplung, b der Hebel für die Schraubenumsteuerung. Der Hebel kann auf der unteren Bogenführung von dem Handgriff aus in jeder Lage festgestellt werden.

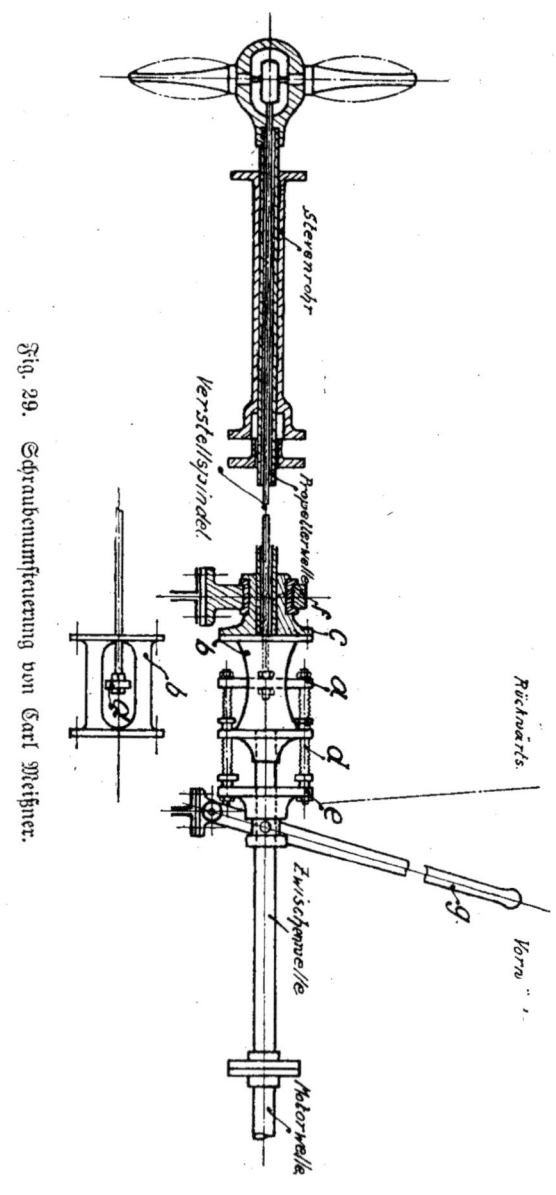

Fig. 29. Schraubenumsteuerung von Carl Meißner.

Für Fischerboote mit geschlossenem Maschinenraum muß die Schraube von Deck aus umgesteuert werden können. Es geschieht dies in Fig. 31 (Ausführung der Firma Burchard-Hamburg) dadurch, daß das äußerste Ende des Umsteuerhebels b durch eine unter dem Deck gelagerte Schraubenspindel c mit Mutter bewegt wird. Die Spindel c wird durch

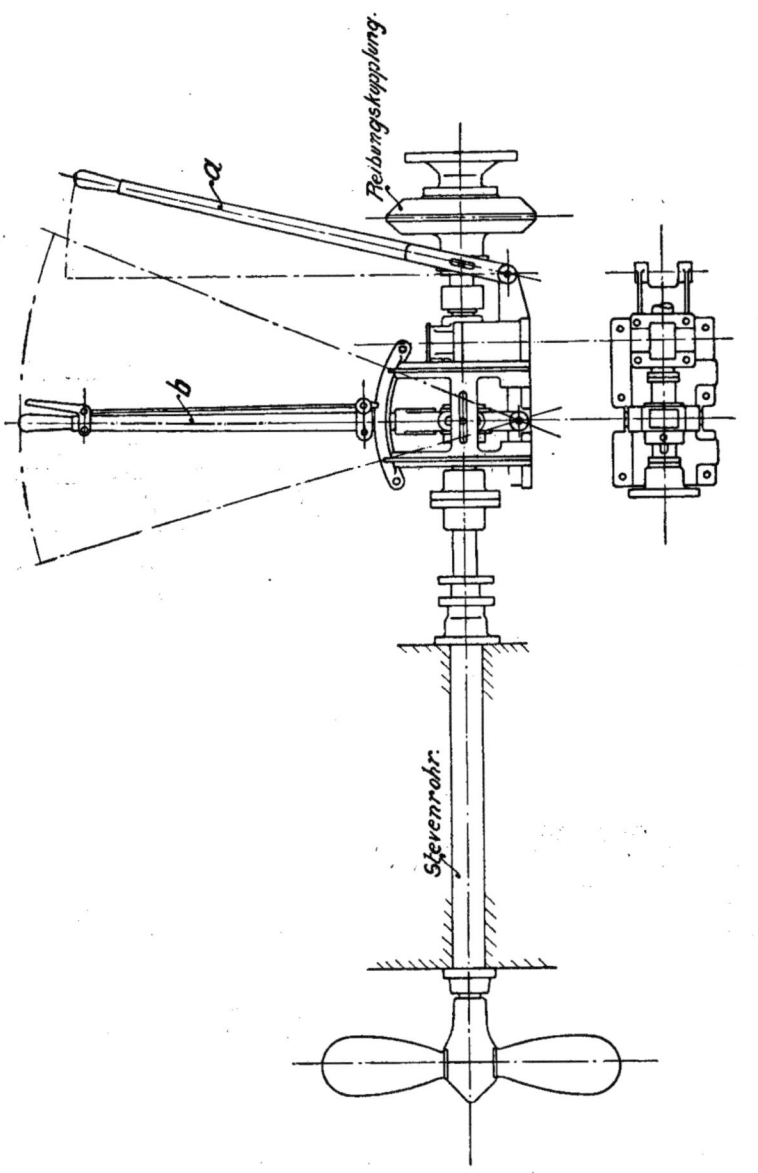

Fig. 30. Hebelumsteuerung von Carl Burchard-Hamburg.

das an Deck befindliche Handrad d vermittelst einer Kette ohne Ende (e) in Drehung versetzt. a ist hier wieder der Hebel für die Reibungskupplung.

Für größere Fischerfahrzeuge baut Burchard noch eine Spindel=umsteuerung ohne Hebel mit Kettenantrieb von Deck aus.

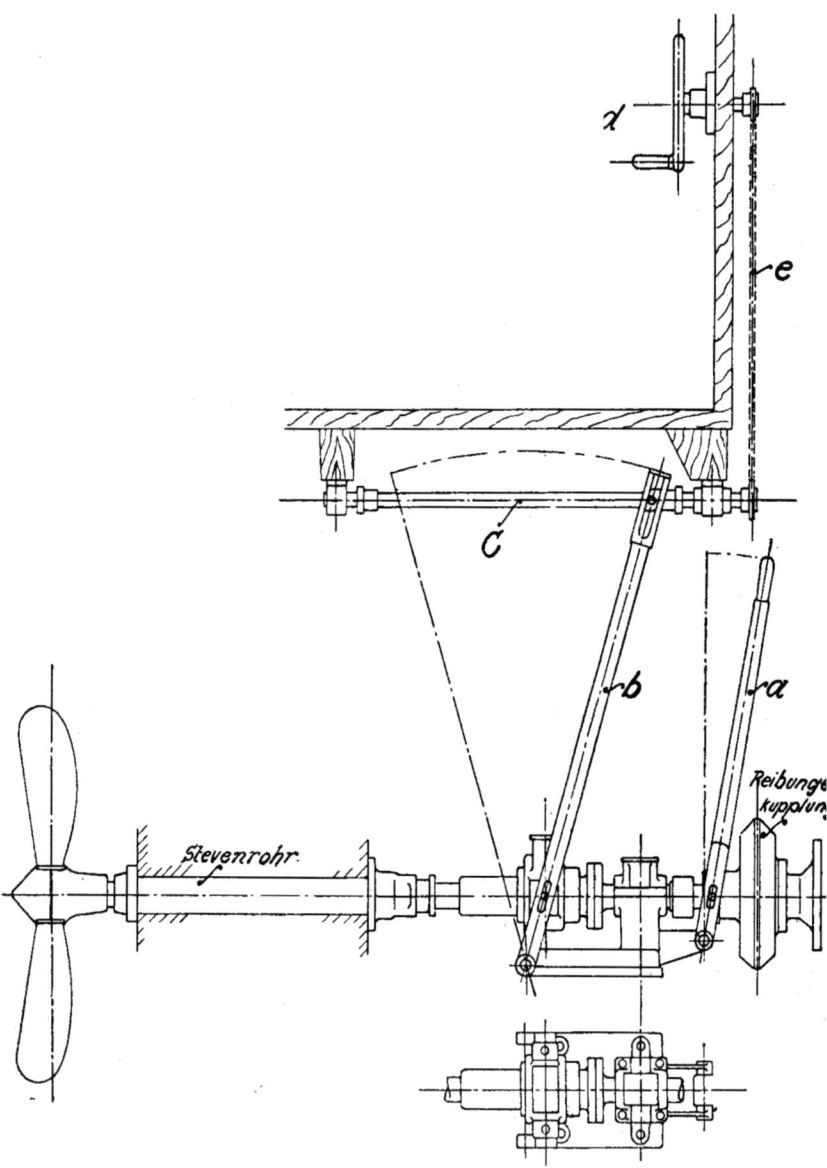

Fig. 31. Schraubenumsteuerung von Deck aus von Carl Burchard=Hamburg.

— 51 —

Eine weitere Ausführung einer Schraubenumsteuerung siehe Fig. 5 mit zugehöriger Beschreibung auf Seite 21 und 22.

4. Die Motorheizlampen.

In Fig. 32 ist die Heizlampe mit Schlangenvergaser der Firma Gust. Barthel=Dresden abgebildet. Die Füllschraube am Behälter ist nicht zu sehen. Als Anwärmschale dient eine gleich in den Deckel des

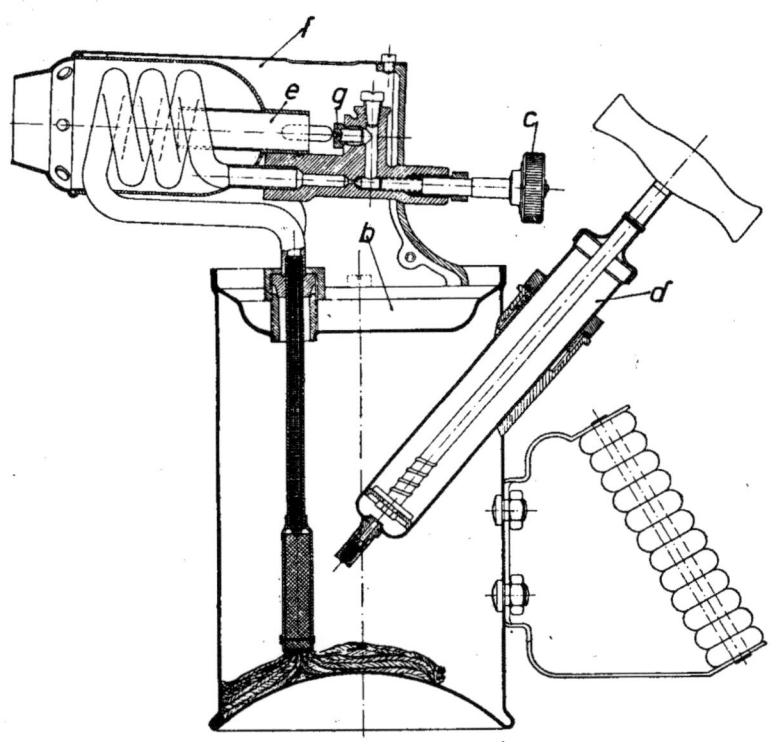

Fig. 32. Barthel=Heizlampe mit Schlangenvergaser.

Behälters eingepreßte Vertiefung b. Die Spindel c bezweckt die Regelung der Flamme, d ist die Handpumpe, e der Brenner. Der Schornstein oder das Flammblech f kann durch Lösen des Schräubchens leicht abgenommen werden. Durch den mit der Pumpe erzeugten Luftdruck wird das Petroleum aus dem Behälter in den Schlangenvergaser gedrückt, verdampft hier und tritt durch die feine Düse g in Gasform in das Brennerrohr e. Die Düse g ist herausschraubbar.

Der Schlangenvergaser, welcher sich besonders bei dem heutigen minderwertigen Petroleum leicht verstopft, ist schwer zu reinigen. Die

4*

Firma Barthel-Dresden hat daher Lampen mit einem neuen Brenner in den Handel gebracht, welcher sich sehr bequem reinigen läßt (s. Fig. 33). Es ist a die Füllschraube. Die Anwärmschale b ist zum bequemen Einfüllen von Spiritus seitlich ausschwenkbar; c ist die Reglerspindel, d Luftpumpe, e Brenner mit dem neuen Röhrenvergaser, f Flammhaube. Durch Lösen der einen Schraube (1) ist sie rasch abnehmbar;

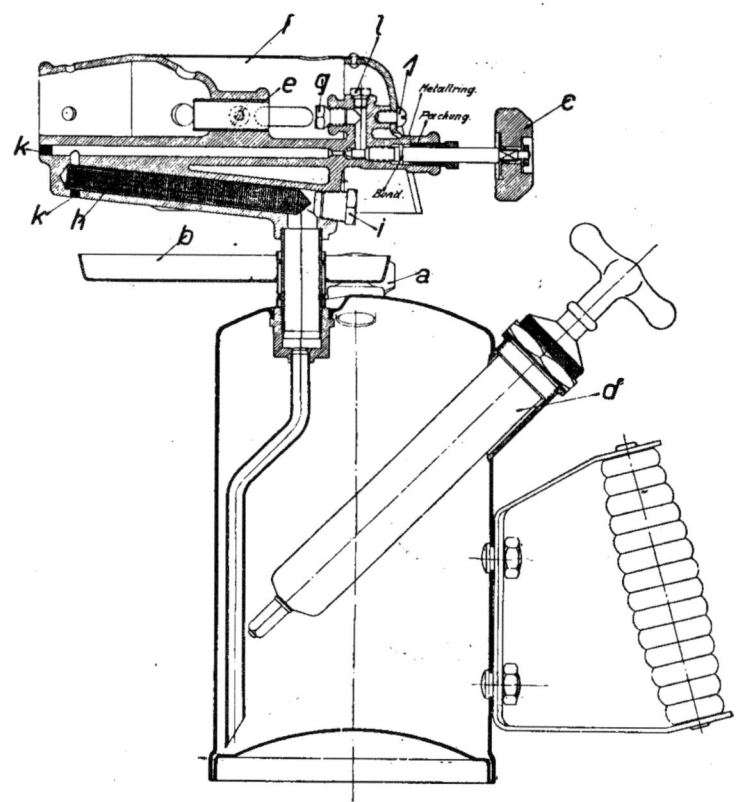

Fig. 33. Barthel-Heizlampe mit neuem Rohrvergaser.

g Düse, h Vergaserfüllung. Dieselbe kann durch Lösen der Verschraubung i herausgenommen und nach Bedarf erneuert werden. Nach Entfernung der Pfropfen k und der Schraube l können sämtliche Kanäle durchgestoßen und gereinigt werden. Die Reglerspindel c dieses Brenners hat einen Bund, welcher das unbeabsichtigte völlige Herausschrauben der Spindel bei angezogener Stopfbuchse verhindern soll. Die Feuergefährlichkeit der Lampe wird hierdurch besonders bei Verwendung von Benzol verringert.

An der weiteren Verbesserung des Brenners wird ständig gearbeitet, um auch bei Verwendung von minderwertigem Petroleum Störungen im Betriebe der Lampe zu vermeiden. Dieser verbesserte Barthel=Brenner mit Röhrenvergaser wird voraussichtlich bald im Handel zu haben sein. Barthel stellt die Heizlampen auch für die Verwendung von Benzol her. Die Benzollampen arbeiten sehr zuverlässig. Benzol ist aber augenblicklich ziemlich schwer zu beschaffen, und die Feuergefährlichkeit ist bei Benzol größer.

Die Apenrader Motorenfabrik von Callesen stellt hauptsächlich für eigenen Betrieb eine Heizlampe mit einem leicht zu reinigenden Flammen=

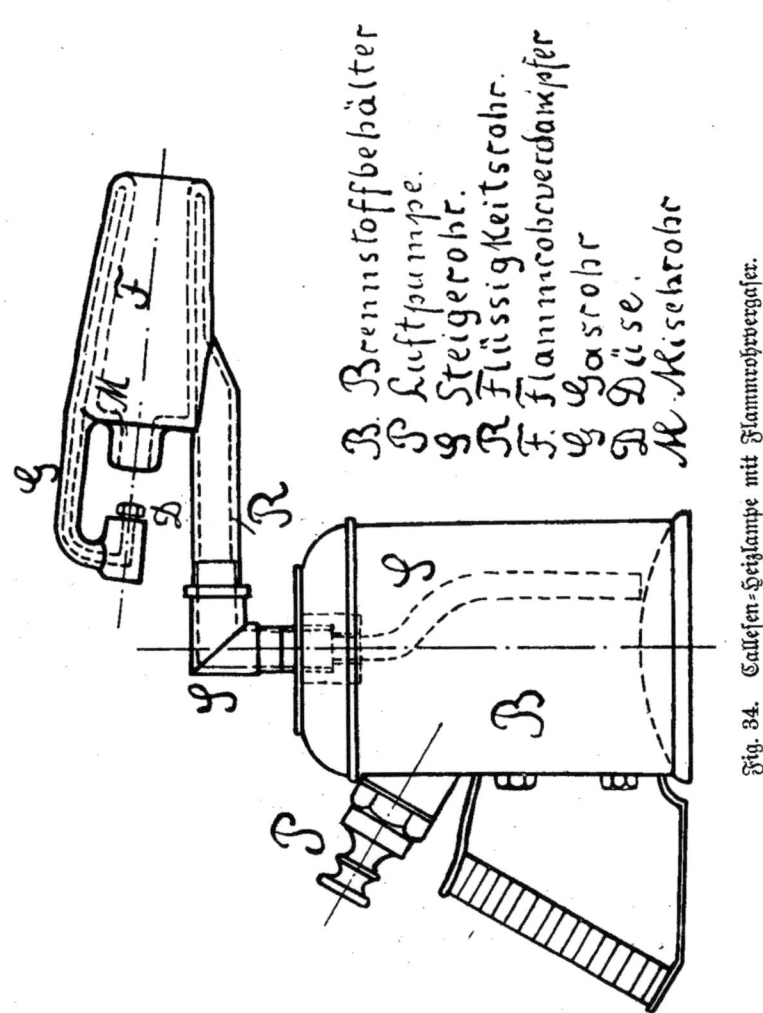

Fig. 34. Callesen=Heizlampe mit Flammrohrvergaser.

vergaser her, wie Fig. 34 zeigt. Die Bezeichnungen der einzelnen Teile der Lampe sind neben der Figur angegeben.

Die schwedischen Heizlampen, welche durch den geringen Wert unserer Mark im Auslande im Preise unerschwinglich sind, werden durch unsere guten deutschen Lampen mehr und mehr verdrängt.

5. Die Zentralschmierapparate.

Eine gute Schmierung ist für den Motor eine Lebensfrage; vor allem auf den Fischerfahrzeugen, da der Motor beim Einholen des Netzes oft längere Zeit sich selbst überlassen ist.

Wenn die einzelnen Schmierstellen jede ihr besonderes Schmiergefäß erhalten, muß dauernd darauf geachtet werden, daß alle Gefäße genügend gefüllt sind, und daß vor dem Betrieb sämtliche Ölgefäße angestellt und nach dem Betriebe wieder abgestellt werden, um Ölverluste zu vermeiden. Besser führt man das Öl von einem größeren, oben am Motor befestigten Zentralschmierkasten den einzelnen Schmierstellen durch je eine Rohrleitung zu. Es ist dann nur diese Zentrale zu beaufsichtigen und die Ölmenge läßt sich hier für jede Schmierstelle bequemer einstellen und ebenso an- und abstellen. Die An- und Abstellung muß aber möglichst durch einen einzigen Hahn für alle Schmierstellen gemeinsam erfolgen können. Für die Zylinderschmierung ist dann außerdem eine kleine Schmierpumpe

Fig. 35. Äußere Ansicht eines Bosch-Ölers.

erforderlich, da dem Zylinder das Öl nur unter Druck zugeführt werden kann.

Seit einiger Zeit ist man dazu übergegangen, selbst bei den kleineren Motoren sogenannte Selbstöler anzuwenden, welche jeder Schmierstelle das erforderliche Öl durch eine kleine Pumpe zupumpen. Die Ölmenge läßt sich dann ein für allemal für jede Schmierstelle einregulieren. Die Ölung tritt erst beim Anlassen des Motors in Tätigkeit und hört sofort beim Abstellen des Motors auf, so daß Störungen in der Schmierung und Verluste durch Vergessen des Abstellens nicht vorkommen können. Außerdem paßt sich die Ölmenge selbsttätig der Geschwindigkeit des Motors an. Sämtliche kleinen Ölpumpen sind in einem Kasten untergebracht und werden gemeinsam angetrieben.

Fig. 35 zeigt die äußere Ansicht eines sogenannten Bosch-Ölers, wie er von der Firma Robert Bosch-Stuttgart ausgeführt wird. Der

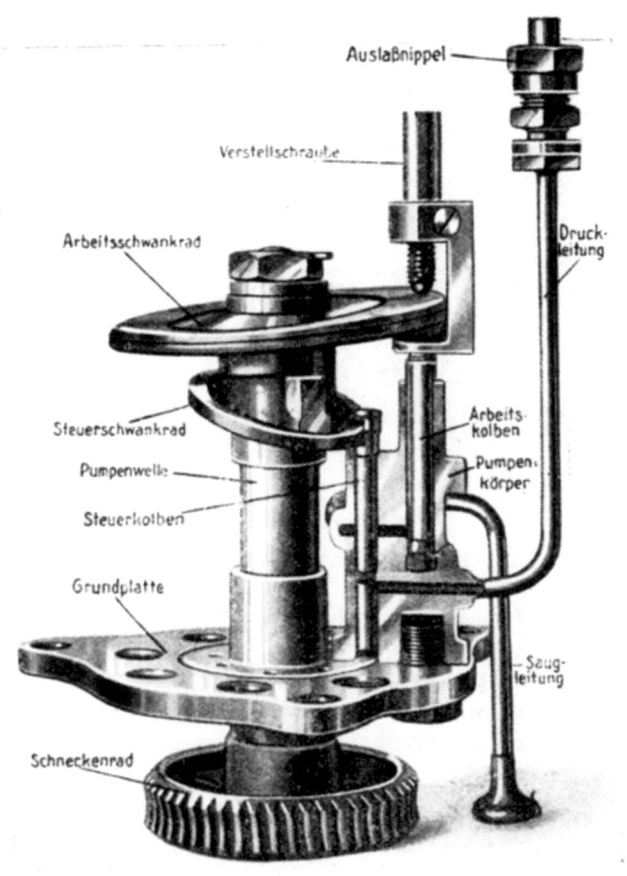

Fig. 36. Getriebe des Bosch-Ölers.

Kasten ist mit Öl gefüllt und birgt in seinem Innern ein Triebwerk, welches aus einer Anzahl im Kreise um eine gemeinsame senkrechte Antriebswelle angeordneter kleiner Pumpen besteht. Diese Pumpen saugen das Öl aus dem Behälter an und drücken es durch entsprechend geführte Rohrleitungen an die verschiedenen Schmierstellen des Motors. Oben auf dem Deckel des Kastens sind die Anschlüsse für die Ölleitungen zu erkennen. Das Triebwerk wird durch eine von außen dicht über

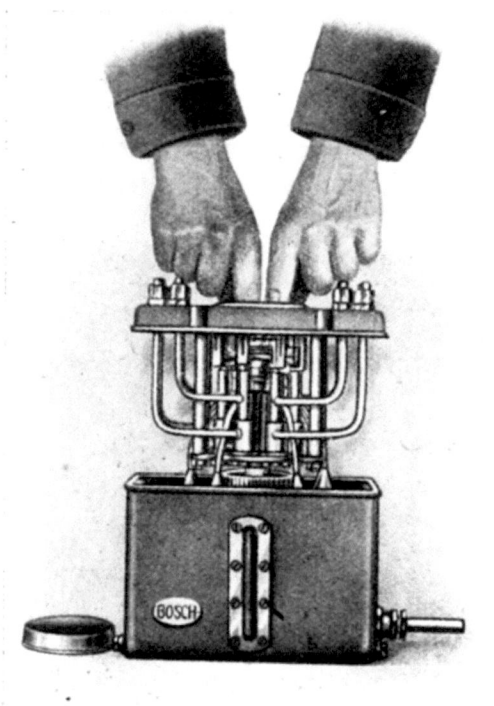

Fig. 37. Bosch-Öler mit herausgehobenem Getriebe.

dem Boden öldicht eingeführte Welle angetrieben. Die Welle ist rechts unten in den Fig. 35 und 37 zu sehen. Die Welle wieder wird von dem Motor durch Räder oder durch einen hin und her gehenden Ratschen= hebel in Umdrehung versetzt. In der Gehäusewand ist ein Fenster an= gebracht, durch welches man sehen kann, ob genügend Öl in dem Kasten ist (s. auch Fig. 37).

In Fig. 36 ist das Getriebe des Bosch-Ölers mit dem Schnitt= modell einer Pumpe abgebildet. Die Pumpe besteht aus dem Pumpen= körper, dem Arbeitskolben und dem Steuerkolben, der Saugleitung und der Druckleitung. Die einzelnen Pumpen für jede Schmierstelle werden

auf der Grundplatte über den in der Fig. 36 sichtbaren Löchern von unten angeschraubt. Das ganze ist in den Ölbehälter eingesetzt und kann mit dem Deckel zusammen leicht herausgehoben werden, wie in Fig. 37 zu sehen ist. Der gemeinsame Antrieb sämtlicher Pumpen erfolgt durch die beiden Schwankräder (s. Fig. 36), welche schief zur Pumpenwelle stehen. Das obere Arbeitsschwankrad hebt und senkt beim Drehen die einzelnen Arbeitskolben der Pumpe; das untere Steuerrad bewegt die Steuerkolben. Dadurch findet ein Ansaugen von Öl durch die Saugleitung und ein Drücken der angesaugten Menge durch die Druckleitung nach jeder Schmierstelle statt. Der Hub jeder Pumpe und damit die Menge des geförderten Öles kann durch die Verstellschraube für jede Schmierstelle eingestellt werden. Die Verstellschrauben ragen durch den Deckel des Gehäuses und können nach Abschrauben der kleinen runden Verschlußkappe mit einem Schraubenzieher gedreht werden. Die Verschlußkappe ist in der Fig. 35 losgeschraubt und wird in aufgerichteter Lage gezeigt. Die von außen in den Kasten öldicht eingeführte Welle treibt mit einer in das Schneckenrad eingreifenden Schnecke die Pumpen=
welle an.

Für größere Motoren wird der Ölkasten auch wohl mit zwei Kammern ausgeführt. Eine für Zylinderöl, die andere für Lagerschmieröl. Jede Kammer enthält ein besonderes Getriebe, so daß der Öler den Zylinder und die Lager mit verschiedenen Ölen schmieren kann.

IV. Bedienungsvorschrift.

1. Vor der Fahrt.

Es ist nachzuprüfen, ob genügend Rohöl und Schmieröl für die Fahrt vorhanden ist. Dabei ist für jede Pferdestärke pro Betriebsstunde etwa 0,75 kg = $^3/_4$ kg Rohöl und 0,05 kg = 50 g Schmieröl zu rechnen. Bei dieser reichlichen Bemessung bleibt eine genügend große Ölreserve für unvorhergesehene Fälle. Für den Brons=Motor kann man mit genügender Sicherheit etwa $^1/_2$ kg Rohöl pro Stunde und Pferde=
stärke annehmen. Z. B. für eine Fahrt, bei welcher ein 10 pferdiger Glüh=
kopfmotor voraussichtlich 15 Stunden im Betriebe ist, müssen mindestens $0,75 \times 10 \times 15 = 112$ kg Rohöl und $0,050 \times 10 \times 15 = 7^1/_2$ kg Schmieröl an Bord sein.

Es ist sorgfältig darauf zu achten, daß keine Verunreinigungen in den Brennstoffbehälter gelangen. Zu empfehlen ist die Einfüllung des Brennstoffes mittels eines Trichters mit eingelötetem feinen Sieb und darübergelegtem seidenen Filtertuch. Filter öfter reinigen! Behälter zuschrauben! Die kleine Bohrung für Luftzutritt im Verschluß darf nicht verstopft sein. Der Brennstoffbehälter ist nur so weit zu füllen, daß mindestens ein Fingerbreit Luftraum bleibt. Er darf nie ganz leer werden, ehe er aufgefüllt wird. Ausgenommen bei Reinigung des Behälters. Es ist nachzusehen, ob alle Teile des Motors in ordnungsmäßigem Zustande und ob alle Reserveteile und Werkzeuge vorhanden und am richtigen Orte sind.

Auffüllen der Schmierölpumpe und der Schmiergefäße. Einstellen des Schmierapparates. Vorhandene Ölfilter sind zu reinigen. Ölen sämtlicher Zapfen und der Gelenke, welche keine selbsttätige Schmierung haben. Durch langsames Drehen des Motors bei geöffnetem Kompressionshahn, bzw. angelüftetem Auspuffventil beim Viertaktmotor, ist zu prüfen, ob alle Teile leicht gehen. Öffnen des Seehahnes für die Kühlwasserpumpe und des Absperrhahnes oder Ventiles am Brennstoffbehälter. Beim Hochdruckmotor (Brons=Motor) wird das Kühlwasser erst nach dem Anlassen des Motors angestellt, um die nötige Kompressionswärme für die Selbstzündung zu erreichen. Ausrücken der Propellerwelle (Schraubenwelle). Nach längerer Betriebspause: Losnehmen der Spritzdüse und durch Handbewegung der Brennstoffpumpe feststellen, ob die Düse einen kräftigen Strahl gibt.

2. Inbetriebsetzung des Motors.

a) Viertakt=Glühhaubenmotor.

Anstellen der Heizlampe (nach Anweisung auf Seite 19) und Erwärmung des Glühkopfes bis zur Dunkelrotglut. Einschaltung der Brennstoffpumpe und einige Pumpenschläge von Hand. Anlüften des Auspuffventiles. Mehrere rasche Umdrehungen des Motors bis er anspringt. Handkurbel nicht loslassen! Einschaltung des Auspuffventiles. Langsames Einrücken der Propellerwelle durch die Reibungskupplung. Sobald der Motor ruhig läuft: Auslöschen der Heizlampe. Nachsehen, ob Kühlwasser abläuft. Wenn nicht, Motor sofort stoppen.

b) Zweitakt=Glühhaubenmotor.

Kompressionshahn öffnen. Ablaßhahn am Kurbelkasten öffnen und Schwungrad mehrmals drehen oder kräftig hin und her pendeln. Nachsehen, ob kein Öl oder Brennstoff aus dem Kurbelkasten durch den geöffneten Ablaßhahn heraustritt. Dann Kompressionshahn schließen. Anstellen der Heizlampe (auch Anweisung auf Seite 19) und Erwärmung des Glühkopfes bis zur Dunkelrotglut. Einschaltung der Brennstoffpumpe und einige Pumpenschläge mit der Hand.

Kräftiges Anwerfen des Schwungrades in entgegengesetzter Drehrichtung gegen die Kompression, nötigenfalls nach vorherigem Hin= und Herpendeln. Die einsetzende Zündung treibt dann den Motor in der richtigen Vorwärtsrichtung. Langsames Einrücken der Propellerwelle durch die Reibungskupplung. Sobald der Motor ruhig läuft: Auslöschen der Heizlampe und Ablaßhahn am Kurbelgehäuse fast ganz schließen. Nachsehen, ob Kühlwasser abläuft. Wenn kein Kühlwasser austritt, ist der Motor zu stoppen und es ist nachzusehen, ob etwas an der Pumpe oder an der Leitung in Unordnung ist, oder ob die Hähne richtig geöffnet sind.

c) **Hochdruckmotor mit Kompressionszündung (Brons=Motor).**

Einschalten der Brennstoffpumpe durch den Abstellknopf. Öffnen des Probierventiles (Fig. 24 Buchst. P). Einige Schläge von Hand mit der Brennstoffpumpe, bis Brennstoff aus dem Probierventil tritt. Nach Schließen des Probierventiles wieder einige Schläge von Hand. Herabdrücken des Brennstoffventilhebels (Fig. 24 Buchst. H), um den heraufgepumpten Brennstoff in die Kapsel strömen zu lassen. Dann noch einige Schläge von Hand mit der Brennstoffpumpe. Schwungrad drehen, bis der Nockenhebel auf Anlaßstellung umgelegt werden kann. Nockenhebel umlegen. Weiter drehen, bis Pfeil am Schwungrad nach oben zeigt: Dann beginnt das Druckluftventil sich zu öffnen. Absperr=ventil am Druckluftbehälter öffnen. Nockenhebel auf Betriebsstellung umlegen und Ventil am Luftbehälter schließen, sobald der Motor rasch umläuft.

Öffnen des Seehahnes und nachsehen, ob Kühlwasser abläuft. Wenn nicht, Motor abstoppen.

Kleinere Brons=Motoren bis 6 PS lassen sich noch von Hand andrehen. Größere nur durch Druckluft.

3. Während der Fahrt.

Kühlwasser darf nicht ausbleiben. Kühlwasser muß so warm ab=fließen, daß man es ganz kurze Zeit über die Fingerspitzen laufen lassen kann, ohne sich zu verbrennen (etwa 50—60° C).

Bei zu heißem Abfluß: Seehahn mehr öffnen und umgekehrt. Schmierapparat muß immer genügend mit Öl gefüllt sein. Zylinder genügend Schmieröl, aber nicht zu reichlich.

Die Zapfen, Gelenke usw., welche nicht mit selbsttätiger Ölung versehen sind, müssen von Zeit zu Zeit von Hand mit der Ölkanne geschmiert werden. Ventilspindeln sind nur mit einigen Tropfen Petroleum zu schmieren.

Alle laufenden Teile zeitweise beobachten und anfühlen, ob sie nicht trocken oder warm laufen. Falls ein Lager heiß gelaufen ist, ist der Motor abzustellen und der Betrieb so lange zu stoppen, bis das Lager, allenfalls unter Zuhilfenahme von Wasser, gekühlt ist. Am leichtesten läuft das Kurbelzapfenlager warm. Glühkopf muß dauernd dunkelrot sein. Bei zu heißem Glühkopf Klappe an der Schutzhaube öffnen oder beim Zweitaktmotor die Wassereinspritzung größer stellen. Falls der Motor beim Leerlauf allmählich nachläßt, ist beim Zweitakt die Wasser=

einspritzung zu verringern oder ganz abzustellen; beim Viertakt ist nötigenfalls die Heizlampe anzustellen.

Ablaßhahn am Kurbelgehäuse muß, besonders beim Zweitaktmotor, dauernd ganz wenig geöffnet sein und ist von Zeit zu Zeit einen Augenblick ganz aufzudrehen, um zu verhindern, daß sich Öl im unteren Teil des Gehäuses ansammelt.

4. Regelung der Umdrehungen.

Bei Anwendung eines Zentrifugalregulators stellt derselbe selbsttätig für jede Belastung die dem Zylinder zuzuführende Brennstoffmenge ein, indem er der Brennstoffpumpe einen mehr oder weniger großen Hub gibt. Dadurch wird die Umdrehungszahl des Motors geregelt. Durch Änderung der Spannung der Regulatorfeder kann die Umlaufzahl des Motors innerhalb geringer Grenzen geändert werden. Außerdem ist noch eine Handeinstellvorrichtung der Brennstoffpumpe vorhanden, wodurch der Motor auf beliebige Drehzahl eingestellt werden kann.

Durch die Aussetzerregelung wird bei zu hoher Umdrehungszahl die Brennstoffpumpe so lange ausgeschaltet, bis der Motor wieder normal läuft. Es soll hierdurch nur ein Durchgehen des Motors bei plötzlicher Entlastung vermieden werden. Durch einen Handhebel oder eine Schraube kann hier ebenfalls die Regulatorfeder mehr oder weniger gespannt werden, so daß dadurch auch eine Regelung von Hand innerhalb gewisser Grenzen erreicht werden kann. Außerdem ist noch die Handeinstellung der Brennstoffpumpe für Einstellung auf beliebige Tourenzahl vorgesehen.

5. Abstellen des Motors.

Brennstoffpumpe, Schmierung und Kühlung werden abgestellt. Der Hahn am Brennstoffbehälter ist zu schließen.

Sobald der Motor stillsteht, sind alle bewegten Teile durch Anfühlen zu untersuchen, ob sich kein Lager usw. warm gelaufen hat. Der Auspufftopf ist nach jeder Fahrt zu entwässern. Wenn der Motor bei starkem Frost eine Zeitlang außer Betrieb sein soll, muß sofort das Kühlwasser aus dem Zylinder und dem Deckel durch Öffnen des unten am Zylinder befindlichen Ablaßhahns vollkommen abgelassen werden. Gleichzeitig ist oben am Zylinderdeckel der Lufthahn zu öffnen, da ohne Zutritt von Luft das Wasser nicht abfließen kann. Falls der Auspufftopf gekühlt wird, ist das Kühlwasser aus dem Mantel ebenfalls vollkommen abzulassen. Die größte Vorsicht ist hier am Platze, da der Ersatz eines durch Frost gesprengten Zylinders mit ganz bedeutenden Kosten verbunden ist und eine lange Betriebsunterbrechung verursacht.

Bei Motoren, welche mit Druckluft angelassen werden, ist darauf zu achten, daß der Druckluftbehälter vor dem Abstellen des Motors auf etwa 12 Atmosphären aufgepumpt ist.

6. Instandhaltung des Motors.

Der Motor ist äußerlich stets sauber zu halten, weil dadurch Betriebssicherheit und eine lange Lebensdauer erreicht werden kann. Ebenso ist auf möglichste Reinlichkeit des Motorraums zu achten. Vor langer Betriebspause sind alle blanken Teile des Motors durch Einfetten gegen Rost zu schützen und der Zylinder ist durch mehrmaliges Drehen des Motors bei angestellter Zylinderschmierung im Innern mit einer Ölschicht zu versehen. Es ist dann darauf zu achten, daß beim ruhenden Motor sämtliche Ventile bzw. beim Zweitaktmotor die Zylinderkanäle geschlossen sind. Von Zeit zu Zeit ist der Motor bei längerer Stillstellung einige Male bei geöffnetem Kompressionshahn bzw. angelüftetem Auspuffventil zu drehen, damit alle bewegten Teile betriebsfähig bleiben.

Die Brennstoffdüse und der Glühkopf sind bei regelmäßigem Betriebe öfter zu reinigen, nötigenfalls auch der Raum im Zylinderkopf; ebenso etwa vorhandene Siebe in der Brennstoffleitung. Wie oft dies geschehen muß, hängt von der Güte des Brennstoffs ab. Kolben und Lager sind im allgemeinen nur aufzunehmen, wenn ein Bedürfnis dafür vorliegt. Ebenso Brennstoff- und Kühlwasserpumpe. Wenn der Motor ganz auseinandergenommen wird, sind alle Teile gründlich nachzusehen und mit Petroleum zu reinigen. Die Lager sind zu untersuchen und nötigenfalls nachzuschaben. Sämtliche Schmierrohre sind zu reinigen, ebenso sind aus den Kühlwasserräumen der Schlamm und die festen Ansätze zu entfernen. Am Zylindermantel sind besondere Reinigungsschrauben oder Deckel dafür vorgesehen. Die Kolbenringe sind zu untersuchen, ob Sprünge oder Beschädigungen an denselben vorhanden sind. Beim Einsetzen des Kolbens sehr vorsichtig sein, damit keine Verletzungen der Ringe vorkommen.

Beim Zusammensetzen des Motors darauf achten, daß die Schrauben an der Schubstange fest angezogen und gesichert sind.

7. Packungen.

Als Dichtungsmaterial dient überall dort, wo heiße Abgase herankommen können, am besten Klingerit (oder auch Asbestpappe), z. B. für den Zylinderdeckel, den Glühhaubenflansch, den Ventilkastendeckel. Wenn ein besonderer Deckel für das Einlaßventil beim Viertaktmotor vorhanden ist, welches nicht mit heißen Gasen in Berührung kommt, genügt für diesen Deckel eine gewöhnliche Gummidichtung. Der Zylinderkühlmantel ist oben am Deckelflansch meistens offen, so daß das Kühlwasser ohne Überleitungsrohr direkt in den Zylinderdeckel weiterfließen kann. Es müssen daher ebensolche Öffnungen wie in dem Zylinder- und Deckelflansch auch in der Klingeritpackung vorhanden sein (s. Fig. 38).

Um ein Festbacken der Packungsringe zu verhindern, empfiehlt es sich, die untere Seite der Packung mit einer Mischung von Graphit und Schmieröl einzureiben.

Bei der Kühlwasser- und Lenzpumpe sowie bei der Brennstoffpumpe werden die Rohranschlüsse und die Stopfbuchsen mit getalgter Baumwollpackung abgedichtet.

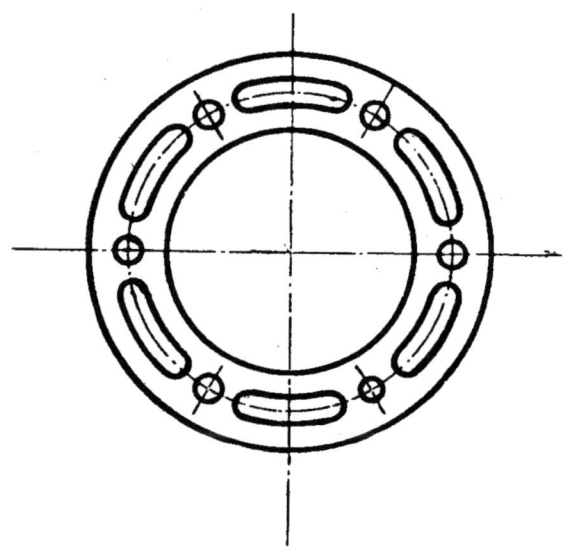

Fig. 38. Dichtungsring zum Zylinderdeckel.

Bei den Hochdruckmotoren sind die Packungen wegen der hohen Pressungen außerordentlich wichtig, weil bei der geringsten Undichtheit die Selbstzündung versagt. Es werden hier Kupferringe oder Asbestringe mit Kupfereinlage verwendet, welche in eine schmale Nut eingelegt werden.

8. Zubehörteile und Ersatzteile.

Als Zubehörteile des Motors, welche im Preise einbegriffen sind, gelten:

Sämtliche Rohrleitungen, Auspufftopf, Reibungskupplung, Schraube, Stevenrohr, Schraubenwelle, Fundamentbolzen, Brennstoffbehälter, Einfülltrichter mit Sieb und die Werkzeuge. Ferner Maschinenlenzpumpe mit Rohr. Eine Gebrauchsanweisung für den Motor. Heizlampe mit Gebrauchsanweisung.

Als Ersatzteile werden gewöhnlich mitgeliefert:

1 oder 2 Brennstoffdüsen. 1 Glühkopf. 1 Saug- und Druckventil zu den Pumpen. 1 oder 2 Dichtungsringe zum Glühkopf. 1 oder 2 Dichtungsringe zu der Düse. 1 Zylinderdeckeldichtung. 1 Regulatorfeder.

Beim Viertaktmotor je eine Feder zum Saug- und Druckventil des Motors. Beim Zweitaktmotor 1 oder 2 Luftventilfedern.

Wünschenswert ist noch die Mitlieferung eines Reservekolbenringes. 1 Feder zum Brennstoffpumpenkolben. 2 Ventile oder Kugeln zur Brennstoffpumpe. 2 Ventile zum Schmierapparat, verschiedene Reserveschraubenbolzen mit Muttern, Splinte und eine Tafel Klingerit.

Etwa erforderliche andere Ersatzteile können von den meisten Motorfabriken nach Bestellung sofort vom Lager geliefert werden. Die Gasmotorenfabrik Deutz und die meisten anderen Firmen geben bei jeder Motorlieferung eine Bedienungsvorschrift mit, in welcher vielfach auch die wichtigsten Teile des Motors abgebildet und mit Buchstaben und Nummern bezeichnet sind. Braucht man z. B. für einen 8=PS=Brons=Motor sofort ein neues Kurbelzapfenlager, dann telegraphiert man unter Benutzung der Telegrammadresse: Ottomotor Cöln. Sendet sofort 1 Stück Kurbelzapfenlager komplett B. 10 zu Brons=Motor 8 PS.

An Werkzeugen müssen vorhanden sein:
1 Satz Schraubenschlüssel. 1 oder 2 verstellbare Schraubenschlüssel. 1 Schraubenzieher. Je eine Reinigungsnadel zur Spritzdüse und zur Blaselampe. 1 oder 2 Ölkannen. Ausbolzen für den Kolben. Ausbolzen für die Pumpenventile.

Alle erforderlichen Werkzeuge sind zweckmäßig in der Nähe des Motors unterzubringen. Am besten werden sie auf einem Brett geordnet aufgehängt, so daß man jedes Stück sofort greifen kann. Jedes Werkzeug muß nach Gebrauch dann wieder an seinen bestimmten Platz gebracht werden.

Die Reserveteile sind möglichst unter Verschluß aufzubewahren.

9. Reparaturen.

Kleinere Reparaturen, wie die Auswechselung der mitgelieferten Reserveteile, muß der Fischer selbst ausführen. Ebenso muß der Fischer seinen Motor selbst auseinandernehmen und nach der Reinigung wieder zusammensetzen können. Bei größeren Reparaturen und beim Einbau von größeren bestellten Ersatzstücken an Stelle von gebrochenen oder abgenutzten Motorteilen ist möglichst ein Monteur der Motorfirma anzufordern oder die Hilfe einer am Ort befindlichen Motorfabrik in Anspruch zu nehmen.

10. Überholungsarbeiten.

Im allgemeinen gilt die Regel: Den Motor nicht unnötigerweise zerlegen. Was gut und in Ordnung ist, bleibt am besten unverändert.

a) Wöchentliche Arbeiten.

Der Motor ist äußerlich vollständig an allen Teilen zu säubern. Die Brennstoffdüse ist nötigenfalls mit der Reinigungsnadel durchzustoßen und zu reinigen. Eine regelmäßige Reinigung der Düse ist empfehlenswert, weil eine verstopfte oder verengte Düse Betriebsstörungen hervorruft und den Druck in der Brennstoffleitung steigert, wodurch leicht Beschädigungen des Pumpenantriebes und der Leitung entstehen können.

Bei minderwertigem Brennstoff: Reinigung des Glühkopfes je nach Bedarf, ebenso des Auspuffventils bei Viertaktmotoren nach Bedarf.

Beim Brons-Motor: Herausnehmen und Reinigen der Brennstoffkapsel. Bei schlechtem Brennstoff: Reinigen der Ventile nach Bedarf, besonders des Auspuffventils.

Bei Motoren mit elektrischer Zündung für Strandboote: Zündkerzen reinigen. Verteiler im Magnetapparat von Öl und Kohlenstaub reinigen. Siebe im Druckventil und Schwimmergehäuse reinigen. Ventile reinigen. Brennstoffdüse ausblasen.

b) Monatliche Arbeiten.

Brennstoffpumpe aufnehmen und reinigen, untersuchen, ob Ventile dicht halten, andernfalls dicht machen. Kurbelgehäuse mit Petroleum reinigen (Putzlappen verwenden, keine lose Putzwolle). Drehen des Ölers von Hand, um alle Ölleitungen wieder anzufüllen. Kühlwasser- und Lenzpumpe nebst Rohrleitungen aufnehmen und reinigen. Räder zum Antrieb der Steuerwelle reinigen. Schmierpumpe reinigen.

Beim Brons-Motor außerdem: Reinigen des Kompressors.

c) Jährliche Arbeiten.

Mindestens einmal im Jahr ist der ganze Motor auseinanderzunehmen, gründlich zu reinigen und zu überholen. Schadhaft gewordene oder abgenutzte Teile sind auszuwechseln. Besonders ist zu untersuchen, ob die Kolbenstangenlager und das Kurbelwellenlager nicht zu viel Luft haben. Lager nachpassen. Kolben, Kolbenbolzen, Kolbenringe sind zu untersuchen.

Untersuchen der Räder und der Steuerwellenlager. Brennstoffbehälter und Brennstoffleitungen reinigen.

Zylinderdeckelschrauben bei allmählich warm werdender Maschine vorsichtig nachziehen.

Beim Brons-Motor besonders darauf achten, daß die Zwischenbleche am Kurbelstangenkopf untergelegt werden, damit der richtige Abstand zwischen Kolben und Zylinderdeckel wegen der erforderlichen Kompression vorhanden ist. Dichtungsringe und Brennstoffkapsel nicht vergessen.

V. Betriebsstörungen und Beseitigung derselben.

Störung	Vermutliche Ursache	Äußere Kennzeichen	Beseitigung (bei abgestopptem Motor)
1. Motor läßt sich schwer andrehen oder hat keine volle Leistung	Brennstoffdüse mehr oder weniger verstopft	Handhebel der Brennstoffpumpe geht zu schwer	Neue Düse einsetzen. Verstopfte Düse mit Reinigungsnadel vorsichtig durchstoßen, so daß die Öffnung nicht beschädigt wird.
	Saugleitung verstopft oder Luft in der Saugleitung	Brennstoffpumpe fördert nicht genügend	Saugleitung der Brennstoffpumpe etwas losschrauben, bis Brennstoff abfließt. Wenn wenig Brennstoff kommt, Saugleitung reinigen. Nachsehen, ob Hahn am Brennstoffbehälter genügend geöffnet ist. Nach Festschrauben der Leitung mit der Hand pumpen und nachsehen, ob Düse kräftig spritzt.
	Wasser im Auspufftopf	Schlürfendes Geräusch im Auspufftopf	Auspufftopf entwässern.
	Glühkopf zu heiß oder zu kalt	Glühkopf zu helle oder zu dunkle Färbung	Klappe in der Schutzhaube öffnen bzw. mehr Einspritzwasser geben. — Heizlampe anstellen bzw. weniger Einspritzwasser geben.
	Ventile bzw. Luftklappe am Kurbelgehäuse undicht	Viertaktmotor knallt beim Zünden bzw. beim Zweitaktmotor: schwaches Sausen an den Luftklappen beim Drehen des Motors	Ventilfeder auswechseln oder Ventile reinigen oder nachschleifen.

Störung	Vermutliche Ursache	Äußere Kennzeichen	Beseitigung (bei abgestopptem Motor)
Brons = Motor läuft gut an, zieht aber nicht durch	Zuviel oder zuwenig Spiel zwischen Ventil und Ventilhebel beim Brons=Motor	Motor hat lahmen Gang	Spiel zwischen Ventil und Ventilhebel auf etwa ½ mm einstellen.
	Geringe Undichtheit oder Hängenbleiben der Ventile beim Brons=Motor	Motor hat lahmen Gang	Ventile mit Petroleum reinigen oder nachschleifen.
2. Zündung bleibt beim Anlassen aus	Glühkopf zu kalt	Motor springt nicht an	Glühkopf noch einige Minuten mit der Blaselampe anwärmen.
	Ausbleiben des Brennstoffs	Motor springt nicht an	Nachsehen, ob Brennstoffleitung richtig angestellt ist oder ob Leitung verstopft ist.
	Brennstoffdüse verstopft	Motor springt nicht an. Brennstoffpumpe läßt sich sehr schwer oder gar nicht von Hand bewegen.	Reservedüse einsetzen. Vorsichtige Reinigung der verstopften Düse mit der vorgeschriebenen Düsennadel. Einige Schläge mit der Hand auf die Brennstoffpumpe und zusehen, ob Düse kräftig spritzt.
	Ventile bleiben hängen.	Ventil schlägt beim Drehen des Motors metallisch; Motor springt nicht an	Einige Tropfen Petroleum an die Ventilspindel; Ventilspindel drehen.

Störung	Ursache	Abhilfe
3. Kompression bleibt beim Andrehen aus	Verschmutzen der Brennstoffkapsel beim Motor — Motor springt nicht an	Vorsichtiges Durchstoßen der feinen Löcher in der Brennstoffkapsel mit der vorgeschriebenen Reinigungsnadel.
	Dichtung zwischen Glühkopf und Zylinderdeckel bläst — Motor läßt sich bei geschlossenem Kompressionshahn oder bei nicht abgestelltem Auspuffventil mehr oder weniger leicht über den oberen Totpunkt bringen. Motor pfeift	Vorsichtiges Nachziehen der Befestigungsschrauben. Wenn das nicht hilft: Reservedichtung zwischen Glühkopf und Zylinderdeckel einlegen.
	Kolben stark undicht — Motor läßt sich mehr oder weniger leicht drehen	Kolbenringe nachsehen und reinigen oder beschädigte Ringe auswechseln.
	Ventile undicht oder Feder zu schwach — Blasendes Geräusch am Kurbelgehäuse bzw. an den Ventilen	Ventile nachschleifen oder Reservefedern einsetzen.
4. Motor stößt	Glühkopf zu heiß — Glühkopf hellrot	Klappe an der Schutzhaube öffnen bzw. mehr Einspritzwasser beim Zweitaktmotor.
	Glühkopf etwas verschmutzt — s. Störung	Reserveglühkopf aufsetzen. Verschmutzten Kopf reinigen.
	Spiel in einem Lager, voraussichtlich im Kurbelzapfenlager — Metallischer Schlag bei jedem Hub	Nachsehen, ob Lagerdeckelschrauben fest genug angezogen sind. Lose Lager nachstellen und nacharbeiten.
	Zu starke Belastung des Motors — s. Störung	Durch Handregelung mehr Brennstoff geben oder Schraube auf etwas geringere Fahrt stellen.

Störung	Vermutliche Ursache	Äußere Kennzeichen	Beseitigung (bei abgestopptem Motor)
	Schwungrad hat sich gelockert	f. Störung	Schwungradbefestigung untersuchen.
	Zylinder zu heiß	Kühlwasser fließt stark dampfend und in geringer Menge ab	Seehahn mehr anstellen oder Sieb am Seehahn reinigen. Wenn das nicht hilft: Kühlwasserpumpe nachsehen.
	Keine oder falsche Dichtungsringe unter der Kapsel beim Bronz-Motor	f. Störung	Kapsel herausnehmen und Dichtungen nachsehen.
5. Motor bleibt stehen	Glühkopf verschmutzt	f. Störung	Reserveglühkopf aufsetzen, verschmutzten Kopf reinigen.
	Starke Verschmutzung des Verbrennungsraums oder des Kolbens	f. Störung Motor ist schwer zu drehen	Zylinderdeckel bzw. Kolben ausbauen und Verbrennungsraum bzw. Kolben reinigen.
	Auspuffventil bleibt hängen	Ventil schlägt metallisch	Einige Tropfen Petroleum an die Ventilspindel; Ventilspindel drehen.
	Lager oder Kolben gefressen	Drehen von Hand nicht mehr möglich	Lager und Kolben losnehmen.
	Ventil sitzt fest	Ventilspindel bewegt sich nicht	Ventile freilegen und mit Petroleum reinigen.

— 69 —

	Kolben warm gelaufen infolge zu geringer Schmierung.	Drehen von Hand nicht mehr möglich.	Motor so lange stillsetzen, bis Abkühlung erfolgt und Drehen von Hand möglich ist. Mehrmaliges Drehen des Motors bei angestellter Schmierpumpe. Wenn keine Drehung möglich ist oder Motor zu schwer dreht, ist der Kolben auszubauen.
6. Auspuff rußt	Schlechter Brennstoff	f. Störung	Je weniger vom Auspuff zu sehen ist, desto besser ist die Verbrennung.
	Motor überlastet	f. Störung	Mehr Brennstoff geben oder Schraube auf geringere Fahrt stellen.
	Brennstoffkapsel stark verschmutzt beim Bronzemotor	f. Störung	Kapsel herausnehmen und mit der vorgeschriebenen Reinigungsnadel vorsichtig reinigen.
7. Motor läuft unregelmäßig	Regulator arbeitet nicht ordentlich	f. Störung	Federspannung des Regulators ändern oder Regulator etwas Petroleum geben. Allenfalls gründliche Reinigung des Regulators.

Zweiter Teil.

I. Anleitung zur Beschaffung von Motoren.

Für die Größe des Motors ist die Größe und Form des Fahrzeuges und die gewünschte Geschwindigkeit maßgebend. Während man sich früher mit einer Geschwindigkeit von 5 bis 5½ Knoten (Seemeilen in der Stunde) bei glatter See begnügte, will der Fischer heute einen stärkeren Motor haben, so daß er auch bei schwerem Wetter mit genügender Fahrt gegen die See anarbeiten kann. Auch ist eine größere Geschwindigkeit mit Rücksicht auf die Lebendigerhaltung der Fische wünschenswert.

Wegen Festlegung der erforderlichen Motorgröße wendet sich der Fischer zweckmäßig an den vom Deutschen Seefischerei=Verein für jeden Bezirk bestellten Sachverständigen oder an den Bezirksvorsitzenden, welcher die Angelegenheit an den Sachverständigen weitergibt.

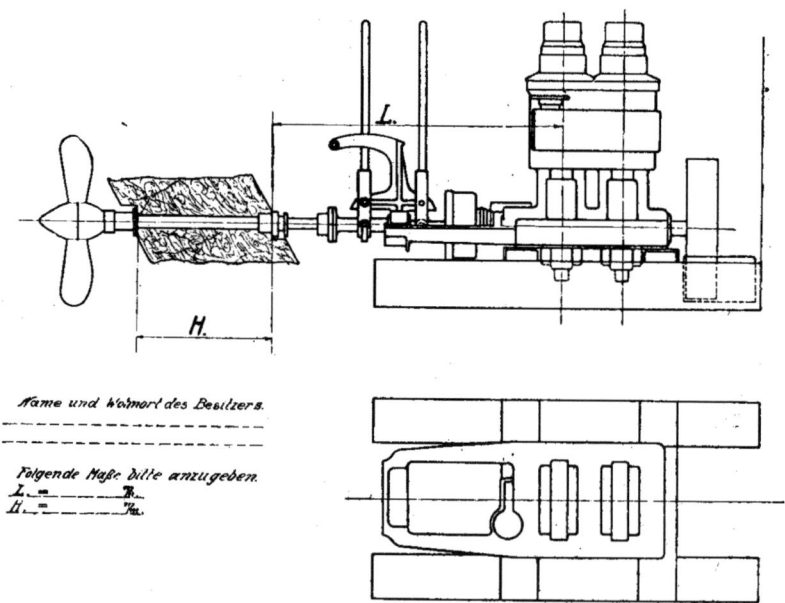

Fig. 39. Einbauskizze.

Der Fischer muß einen Fragebogen über Abmessung des Bootes, geforderte Geschwindigkeit usw. ausfüllen, unter Angabe der Bauwerft und des Verwendungszweckes des Fahrzeuges. Sehr wünschenswert ist die Beifügung der Zeichnungen des Bootes, wenn solche vorhanden sind. Nach diesen Angaben ermittelt der Sachverständige die erforderliche Motorgröße.

Der Motor wird dann am besten bei mehreren Firmen gleichzeitig angefragt, falls der Fischer sich nicht auf ein ganz bestimmtes Fabrikat versteift. In den Preis muß der Propeller, die Reibungskupplung und das Stevenrohr eingeschlossen sein. Vorteilhaft ist es, auch gleich eine bestimmte Summe für den Einbau des Motors auszumachen.

Die Firma schickt darauf eine vorläufige Einbauskizze nach beistehendem Muster Fig. 39, in welche die Abmessungen H und L für das Boot einzutragen sind. Außerdem sind der Firma die Zeichnungen des Fahrzeuges einzusenden. Wenn das nicht möglich ist, muß das Hinterschiff, welches für den Einbau des Motors und der Schraube in Frage kommt, sobald als möglich aufgemessen werden. Nach der Zeichnung oder den Aufnahmen stellt die Firma eine genaue Einbauzeichnung her, in welche die nötigen Verstärkungen des Hinterschiffes für den Einbau des Motors eingezeichnet werden. Die Aufstellung des Motors, die Lage der Schraube und die Handhabung des Motors und der Schraube sind aus der Zeichnung zu erkennen. Ebenso die Unterbringung des Brennstoffbehälters und die Führung der Rohrleitungen.

II. Bedeutung der Lieferungsverträge.

Nachdem der Preis vereinbart ist, wird der Lieferungsvertrag von der Firma aufgestellt. Derselbe muß enthalten: Die normale Leistung des Motors, die Höchstleistung, Anzahl der Umdrehungen bei Vollast, Preis des Motors einschließlich Schraube, Reibungskupplung und Stevenrohr, Verzeichnis und Preis der mitzuliefernden Reserveteile und Werkzeuge, Preis für den Einbau des Motors und des Propellers (Schraube), möglichst einschließlich der Zimmerarbeiten.

Wenn für den Einbau kein fester Gesamtpreis von der Firma zu erreichen ist, muß der Lieferungsvertrag angeben, wie hoch die Arbeit des Monteurs pro Stunde vergütet werden soll. Ebenso Reisekosten usw. des Monteurs. Ferner die Zahlungsbedingungen. Üblich ist ein Drittel der Kaufsumme bei Bestellung; ein weiteres Drittel vor dem Versand des fertigen Motors; das letzte Drittel nach erfolgter Ablieferung und befriedigender Probefahrt. Der Motor darf in der Regel erst nach erfolgter Zahlung der ganzen Summe in Betrieb genommen werden. Weiter ist der Liefertermin aufzunehmen.

III. Garantieverpflichtungen.

Im Lieferungsvertrag hat die Firma sich zu verpflichten, Schäden am Motor, welche durch schlechte Konstruktion oder mangelhaftes Material während eines Jahres nach Ablieferung des Motors auftreten, auf ihre Kosten zu beseitigen. Ausgeschlossen sind Schäden, welche durch unvorsichtige oder unsachgemäße Behandlung des Motors verursacht sind.

Zweckmäßig ist die Ausmachung einer Konventionalstrafe für verspätete Ablieferung im Lieferungsvertrage, d. h. für jede Woche, welche der Motor später als vereinbart geliefert wird, können der Firma beispielsweise 100 ℳ von der Kaufsumme abgezogen werden. Ausgenommen sind Ereignisse höherer Gewalt, wie Feuerbrunst, Streik, Mangel an Rohmaterial, Betriebsstörungen usw.

Wünschenswert ist auch die Garantie des Brennstoffverbrauchs. Bei Überschreitung des verbürgten Ölverbrauchs ist der Fischer beispielsweise berechtigt, für je 10 g Mehrverbrauch für die Stunde und Pferdestärke 100 ℳ abzuziehen. Verbraucht der Motor über 50 g mehr Brennstoff als garantiert, dann kann die Abnahme verweigert werden. Bei voller Belastung kann man für kleinere Glühkopfmotoren etwa 380 g/Std./PS als normalen Brennstoffverbrauch annehmen; für größere Motoren entsprechend weniger. Beim Brons-Motor etwa 260 g/Std./PS.

Der Fischer muß darauf bringen, daß er von der Fabrik vor Ablieferung des Motors ein beglaubigtes Bremszeugnis erhält. Nach dem Einbau des Motors läßt sich die Leistung desselben nur sehr schwer feststellen, z. B. ein bestellter 10-PS-Motor muß normal mindestens 10 PS leisten. Bei Überlastung muß er aber mindestens 20 % mehr, d. h. also 12 PS hergeben können. Aus dem Bremszeugnis müssen diese beiden Werte zu ersehen sein. Wünschenswert ist es, daß auch der Brennstoff- und Schmierölverbrauch für $^1/_4$, $^1/_2$, $^3/_4$ volle Last und für 20 % Überlastung in dem Zeugnis angegeben werden.

IV. Geschäftsverkehr mit Fabriken und deren Vertretern.

Zu empfehlen ist immer eine persönliche Besprechung. Eine nicht zu weite Reise nach der Fabrik lohnt sich in allen Fällen. Praktische Winke und Hilfe im schriftlichen Verkehr und in allen Verhandlungen, sowie alle erforderlichen unparteiischen Ratschläge kann der Fischer jederzeit unentgeltlich von den Sachverständigen des Bezirks erhalten.

V. Nachrichten über Darlehnsgewährung.

Dem Seefischer können auf Antrag Darlehen für die Beschaffung von Fischereifahrzeugen mit und ohne Motoren oder von Motoren und Winden für vorhandene Fischereifahrzeuge gewährt werden.

Der Antrag kann bei den zuständigen Behörden oder beim Deutschen Seefischerei-Verein angebracht werden. Ausführliche Bestimmungen für die Gewährung von Darlehen sind dort einzusehen. Es sind dann vorgeschriebene Auskunftsbogen auszufüllen und dem Gesuch beizufügen.

Voraussetzung für die Darlehnsgewährung ist die Unbescholtenheit des Fischers, ein Alter von mindestens 24 Jahren und eine 5jährige Ausübung des Fischereiberufs. Der beabsichtigte Fischereibetrieb muß voraussichtlich lohnend sein.

Das Darlehen darf in der Regel nur die Höhe von drei Vierteln der Gesamtbeschaffungskosten erreichen. Für das letzte Viertel muß der Fischer selbst aufkommen.

Nach der Darlehnsgewährung ist das Fahrzeug zu versichern. Die Versicherungspolice wird in der Regel dem Reich verpfändet. Der Fischer muß sich verpflichten, das Darlehen nicht für andere Zwecke zu verwenden, dasselbe nach bestimmten jährlichen Raten zurückzuzahlen, auf Verlangen das letzte Viertel zu hinterlegen, falls er dasselbe nicht nachweislich zur Anzahlung verwendet hat, und schließlich das Darlehen zurückzuzahlen, wenn durch eigenes Verschulden die gestellten Bedingungen nicht erfüllt worden sind.

VI. Nachrichten über Betriebsstoffe.

Für die Fischereimotoren kommt als Betriebsstoff hauptsächlich in Frage: Gasöl und Schmieröl für den Motor, reines Leuchtpetroleum für die Blaselampe. Minderwertiges Petroleum, wie es jetzt nach dem Kriege vorherrschend ist, verursacht bei der Blaselampe andauernd Störungen.

Eine einwandfreie Bestimmung der Güte des Betriebsstoffes ist sehr umständlich und nur durch eine schwierige, von Fachleuten auszuführende Untersuchung möglich. Einen Anhalt für die Verwendbarkeit des Brennstoffes gibt das spezifische Gewicht. Einigermaßen genau kann man dasselbe durch das Gewicht von 1 Liter Brennstoff in Kilogramm bestimmen. 1 Liter Gasöl soll 830 bis 880 g wiegen, d. h. das spezifische Gewicht ist 0,83 bis 0,88.

Bei der geringen Menge der in Deutschland gewonnenen Öle sind wir hauptsächlich auf ausländische Betriebsstoffe angewiesen, auf welchen ein bestimmter Zoll ruht. Außerhalb der deutschen Zollgrenze können ausländische Betriebsstoffe zollfrei verbraucht werden. Sobald ein Fahrzeug bei der Rückkehr in den Hafen die Zollgrenze passiert, muß der Brennstoff unter Zollaufsicht oder durch Plombieren unter Zollverschluß gestellt werden. Dies läßt sich bei Fischereifahrzeugen, welche immer nur kurze Zeit auf See sind, im allgemeinen nicht durchführen. Bei Verwendung von Gasöl läßt sich mit der nötigen Energie leicht eine Zollfreiheit oder Zollermäßigung durchsetzen. Falls unüberwindliche Schwierigkeiten entstehen, wende sich der Fischer am besten um Hilfe an den Deutschen Seefischerei-Verein.

Mehrere größere Seehäfen haben ein Zollausschlußgebiet oder einen Freibezirk, in welchem der Brennstoff zollfrei eingenommen werden kann.

Es gibt verschiedene Möglichkeiten für den Fischer, zollfreies bzw. zollermäßigtes Gasöl zu erlangen:

1. Vereinigung der Fischer zum Bau eines größeren eisernen Tanks unter Zollkontrolle. Der Tank muß so angelegt sein, daß durch eine Leitung das Öl direkt in den Brennstoffbehälter des Bootes geleitet werden kann. Bei jeder Entnahme muß ein Zollbeamter zur Stelle sein. Eine derartige Anlage ist z. B. in Eckernförde vorhanden.

2. Gemeinsamer Bezug eines Eisenbahnkesselwagens mit Gasöl. Das Öl wird bei der Ankunft im Beisein eines Zollbeamten in Eisenfässer gefüllt und unter die Fischer verteilt. Erforderlich ist die Anschaffung einer Anzahl Eisenfässer für jeden Fischer.

3. Eine Handelsfirma oder eine Motorenfabrik errichtet die zollfreie Niederlage und liefert den Fischern das Öl zu einem vertragsmäßig festgesetzten, niedrigen Preise.

Beim Bezug von Schmieröl läßt sich der Fischer am besten von der Firma, welche den Motor geliefert hat, beraten oder es findet ein gemeinsamer Bezug durch die Fischereivereinigung des Bezirkes statt. Die Menge des Petroleums für die Blaselampe ist verhältnismäßig gering, so daß der Fischer dasselbe in geordneten Zeitverhältnissen direkt im freien Handel bezieht.

VII. Einbau des Motors.

Der Motor verlangt ein sehr festes Fundament. Die Innenhölzer müssen unter Umständen zur Schaffung eines soliden Unterbaues vermehrt oder verstärkt werden. Das Fundament ist möglichst lang zu machen, damit möglichst viele Spanten zum Tragen herangezogen werden. Die Welle muß sehr genau ausgerichtet werden. Eine geringe Neigung des Motors bis 10 Grad nach hinten ist zulässig, wird aber besser vermieden. Die Auspuffleitung ist möglichst ohne Krümmungen zu legen. Jedenfalls dürfen die Krümmungen nicht scharf sein. Das aus dem Zylinderdeckel austretende Kühlwasser wird durch den Wassermantel des Auspufftopfes nach außenbord geleitet. Der Seehahn für die Saugleitung der Kühlwasserpumpe soll so tief liegen, daß die Pumpe beim Schlingern des Schiffes keine Luft ansaugt. Anderseits soll er so hoch liegen, daß beim Fahren auf seichtem Grunde kein Schmutz oder Sand in die Leitung gesaugt werden kann.

Das Sieb außenbords muß zwecks Reinigung gut zugänglich sein. Der tiefste Punkt des Brennstoffbehälters muß etwas höher liegen als das Saugventil der Brennstoffpumpe.

VIII. Vorsichtsmaßnahmen.

Petroleum darf nicht in offenen Gefäßen aufbewahrt werden. Das Verschütten von Petroleum ist zu vermeiden.

Ansammlung von Petroleum und Öl in der Bilge ist möglichst zu verhüten. Brennstoffleitungen und Brennstoffbehälter müssen absolut dicht sein. Vorsicht mit offener Flamme im Maschinenraum!

Im Maschinenraum, wenn nötig, nur geschlossene Laterne verwenden! Laterne aufhängen, damit sie nicht umfallen kann! Brennstoffbehälter und Ölfässer dürfen nicht mit offenem Licht abgeleuchtet werden.

Die brennende Blaselampe darf nie ohne Aufsicht sein. Wenn die Heizflamme verlöscht, so strömen Petroleumgase in den Motorraum, welche bei Berührung mit offenem Licht sich entzünden oder explodieren können.

Solange die Lampe oder die unter dem Brenner befindliche Anwärmschale brennt, darf kein Spiritus in die Anwärmschale nachgefüllt werden.

Alte ölgetränkte Twiststücke nur in eisernem Kasten aufbewahren!

Dritter Teil.

Die Winden an Bord von Fischerbooten.

Auf den Fischerbooten werden Längs- und Querwinden verwendet; für die Heringsfischerei hauptsächlich Längswinden (Wellen der Winde liegen in der Längsachse des Bootes), da die Wade nach der Seite hin ausgefahren wird. Alle anderen Fischerboote und Fahrzeuge bis 20 Tonnen erhalten Querwinden. Die Querwinde läßt sich auch für die Snurrwade verwenden, indem die Leine durch einen Block abgelenkt wird. Die Netzwinden eignen sich auch als Ankerwinden, so daß eine besondere Ankerwinde überflüssig ist.

Die Winden werden vom Motor angetrieben, am besten durch Riementrieb (geräuschlos und haltbar). Kleinere Winden erhalten auch wohl Antrieb durch Kette ohne Ende. Vorteilhaft ist es, die Winden gleichzeitig auch für Handbetrieb einzurichten. Boote unter 5 Tonnen erhalten meistens keine Winde. Wünschenswert ist die Anbringung eines großen und eines kleinen Spillkopfes auf beiden Seiten der Winde, damit man nach Bedarf schnell und langsam hieven kann. Bei großen Winden ist noch eine größere Änderung des Übersetzungsverhältnisses durch veränderliche Rädervorgelege nötig.

In Fig. 40 ist eine einfache Längswinde ohne Räderübersetzung für Motorantrieb abgebildet. Die Welle trägt in der Mitte eine Seiltrommel und an beiden Enden je einen Spillkopf. Vom Motor wird durch einen Riemen die Zwischenwelle Z angetrieben (s. Fig. 41). Die Übertragung von der Zwischenwelle auf die Welle der Winde erfolgt durch einen Kettentrieb (Kette ohne Ende). Die Ein- und Ausrückung erfolgt von Deck aus durch Anspannen des Riemens mittels einer Spannrolle S.

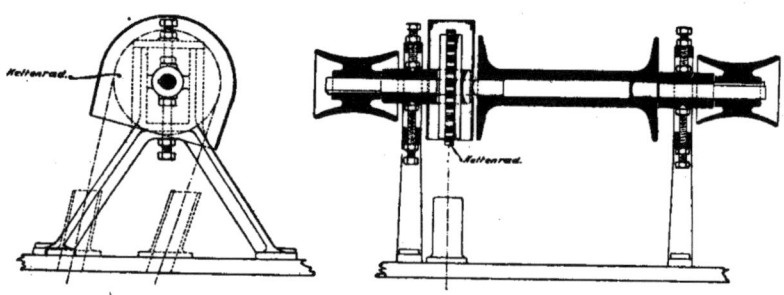

Fig. 40. Längswinde ohne Räderübersetzung für Motorantrieb.

— 77 —

Wenn die Winde außer Betrieb ist, muß der Riemen abgeschlagen werden, um ihn zu schonen. Handbetrieb ist hier nicht vorgesehen.

In Fig. 42 ist eine Längswinde mit Handbetrieb und Motorantrieb abgebildet, wie sie die Firma Callesen=Apenrade ausführt. Bei Motor= antrieb ist eine Räderübersetzung vorhanden. Von der durch einen Riemen vom Motor angetriebenen Zwischenwelle wird die Welle a durch Ketten=

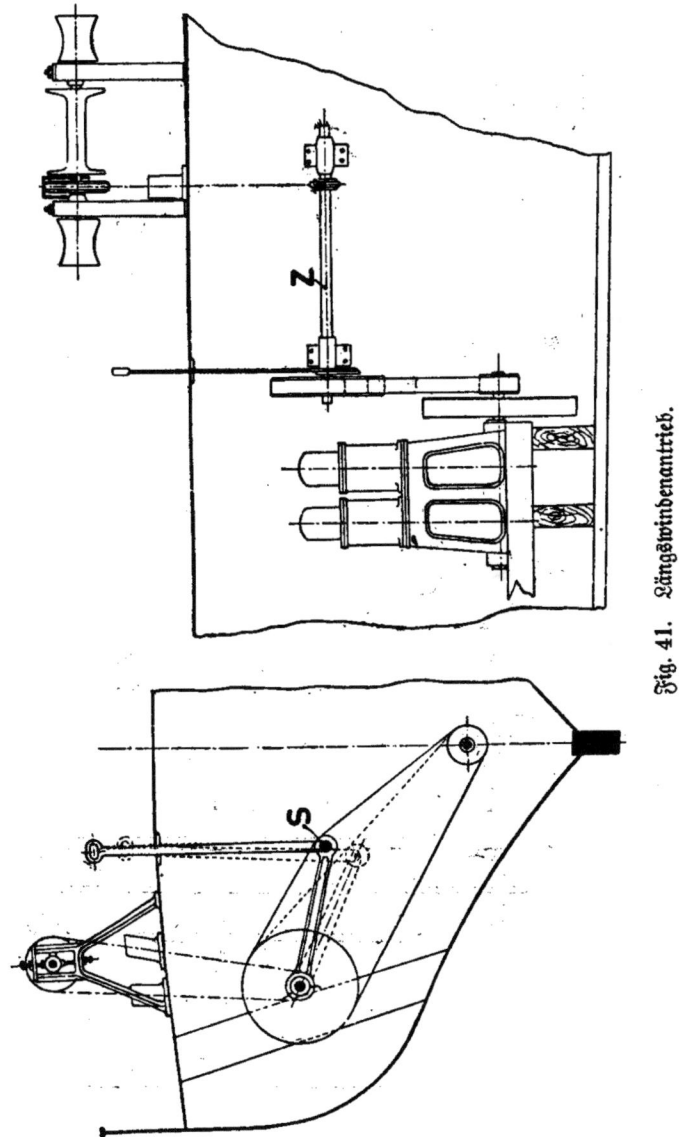

Fig. 41. Längswindenantrieb.

trieb betätigt. Damit die Winde und der Antrieb ohne besonderes Ausrichten auf dem Deck festgeschraubt werden kann, ist eine Gelenkkupplung b zwischengeschaltet; c ist das Lager der Antriebswelle, d das Kettenrad auf derselben. Die obere Welle wird durch Handkurbeln, welche auf die Vierkante der Wellenenden aufgeschoben werden, gedreht. Die untere Welle hat eine Zahnradübersetzung, welche zwischen den beiden zusammengeschraubten Windenschilden e liegt.

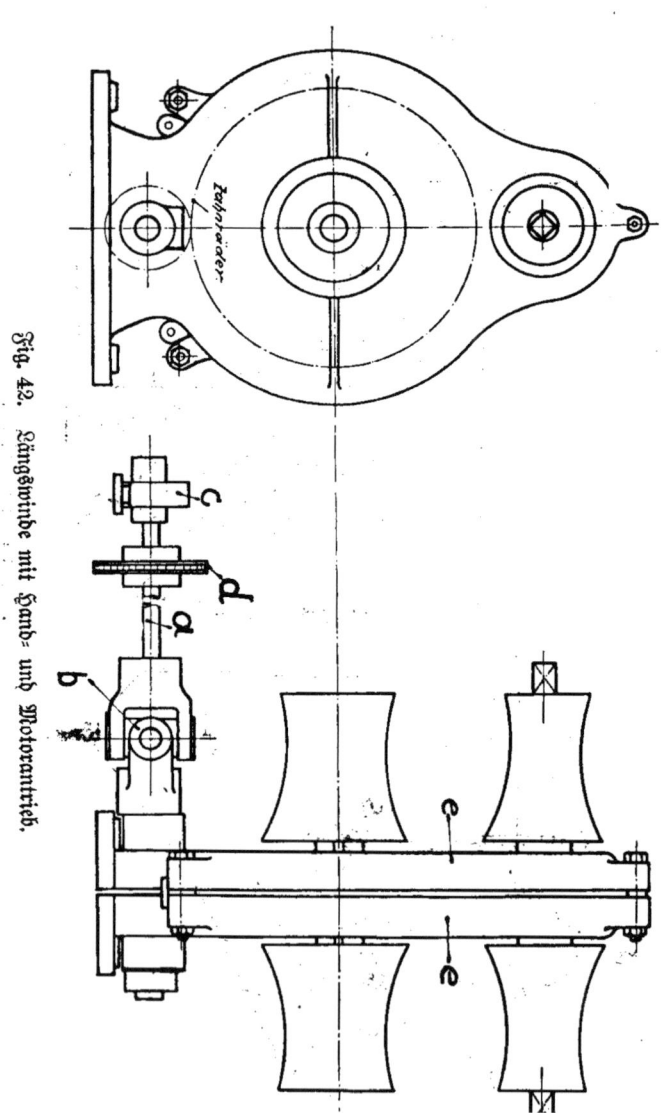

Fig. 42. Längswinde mit Hand- und Motorantrieb.

Fig. 43 zeigt eine Querwinde mit Schneckenradübersetzung derselben Firma. Die Windenwelle a ist in zwei auf dem Deck befestigten Böcken gelagert und trägt an den beiden Enden je einen Spillkopf. Die Antriebswelle b wird direkt durch einen Riementrieb vom Motor angetrieben. Der Riemen wird durch eine Spannrolle d mit Hilfe des

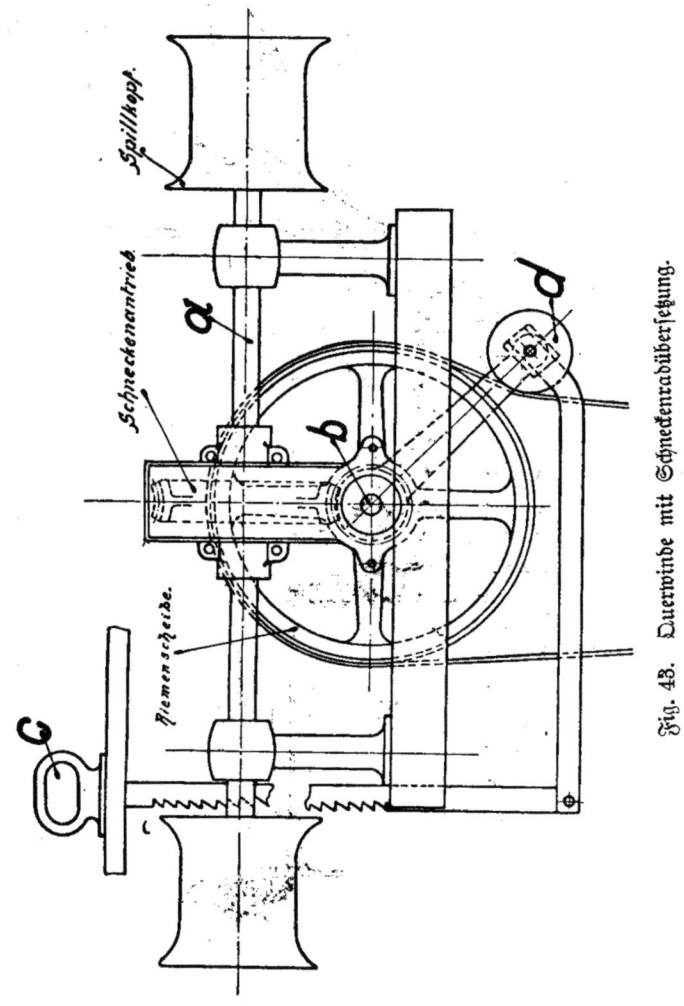

Fig. 43. Querwinde mit Schneckenradübersetzung.

Handhebels c vom Deck aus angespannt. Die Welle b trägt eine Schnecke, welche in ein Schneckenrad auf der Welle a eingreift.

In Fig. 44 ist der neuerdings vielfach angewendete Antrieb durch Friktionsräder (Reibungsräder) und die weitere Übertragung auf die Winde durch Wellenleitungen mit Kegelrädern abgebildet.

— 80 —

Der Antrieb der Winde durch den Bootsmotor selbst ist im allgemeinen unwirtschaftlich, da die Motorleistung für die Winde nicht

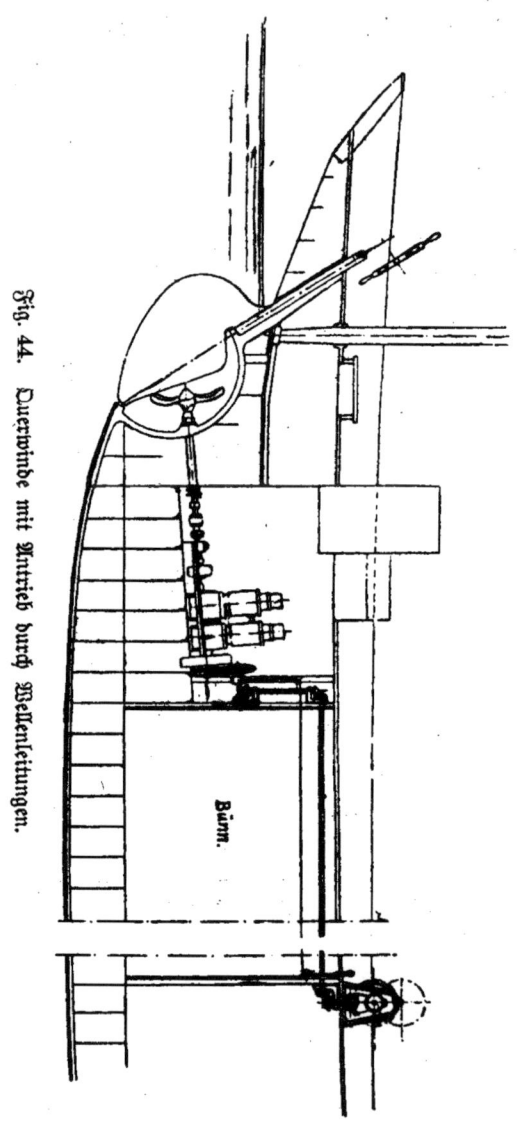

Fig. 44. Querwinde mit Antrieb durch Wellenleitungen.

genügend ausgenutzt wird. Je größer der Motor, desto unwirtschaftlicher wird der Windenbetrieb. Jedoch lohnt sich erst bei sehr großen Fahrzeugen die Aufstellung eines besonderen kleinen Motors für die Winde.

W. Moeser Buchdruckerei, Berlin S 14.

DEUTZER SCHIFFS-MOTOREN

die bestgeeigneten Maschinen für alle Fischkutter - Schlepper - Lastfahrzeuge.

Rohöl-Glühkopf-Motoren
10-18 PS

Brons - Motoren
12-80 PS

GASMOTOREN-FABRIK DEUTZ
KÖLN - DEUTZ

BENZ

Bootsmotoren

haben bei niedriger Drehzahl einen hohen Nutzeffekt und arbeiten mit geringen Brennstoffkosten.

Besitzen Hochdruck-Zündung ohne Glühkopf und Anwärmlampe. Keine Wassereinspritzung. Daher größte Betriebssicherheit.

BENZ & CIE.
RHEINISCHE AUTOMOBIL- U. MOTOREN-FABRIK AKT.-GES.

ABTEILUNG: MOTORENBAU

MANNHEIM

GRADE-ROHÖL-BOOTSMOTOREN

in Ein- und Mehrzylinder-Ausführung

Kurzfristig lieferbar

Grade - Motorwerke
Aktiengesellschaft
MAGDEBURG

Robert Bosch A.-G.

Verkaufsbüros:

Stuttgart **Frankfurt** a. M.
Militärstr. 4.   Moltke-Allee 49—53.

Berlin-Charlottenburg 4
Bismarckstr. 71.

DEUTSCHE KROMHOUT
ROHÖL-SCHIFFSMOTOREN

Bestgeeignete Antriebsmaschinen für alle
Fischerei-Fahrzeuge

SPILLMOTOREN
zum Einholen der Netze

Betriebssicher und denkbar einfach in der Bedienung

DEUTSCHE
KROMHOUT-MOTOREN-FABRIK A.-G.
BRAKE I. OLDBG.

Der führende
Schiffs-Motor
in der deutschen Fischerei
ist der

H · M · G
ROHÖL-MOTOR
(System Callesen)

Einfach!

Zuverlässig!

Billig!

Kostenanschläge, auch für
MOTOR-NETZWINDEN
durch

Hanseatische Motoren-Ges. m.b.H.
Hamburg-Bergedorf

Kontor: Hamburg 36, Alsterufer 16
Fabrik: Bergedorf, Weidenbaumsweg

Abteilung Maschinenbau

Fabrikation von Rohölmotoren

Glühkopfmotore

Schiffsmotore
für Fischereifahrzeuge u. Segelschiffe

Stationäre Motore
für gewerbliche u. landwirtschaftliche
Betriebe

Kl. Bootsmotoren

für Sport und Beruf

zum

Selbsteinbau in Boote aller Art

ca. 1 1/2, 3 u. 5 PS. vor- und rückwärtslaufend

mit schnellster Lieferungsmöglichkeit

sowie

Netzwinden

und

Trankocher

fertigen als Sonderer-
zeug-
nis:

Bohn & Kähler

Inhaber: F. Bohn und F. Bündgens

Maschinen- und Metallwarenfabrik
= Kiel =